가짜 사랑
권하는 사회

가짜 사랑
권하는 사회

김태형 지음

진짜 사랑을 잊은
한국 사회,
더 나은 미래로
어떻게 나아갈 것인가?

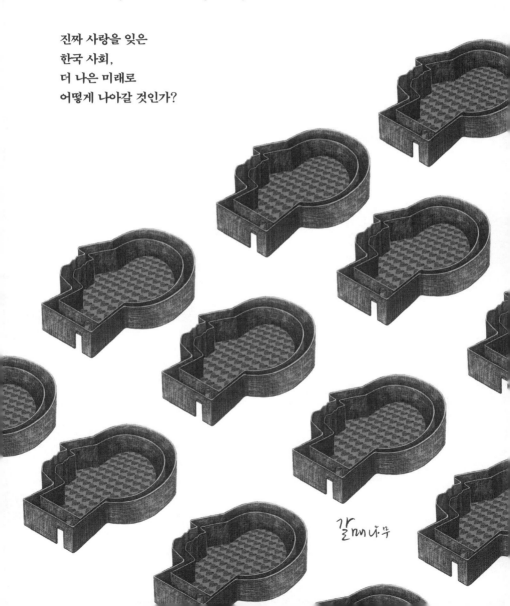

갈매나무

진정 사랑할 수 있는 사회를 위하여

우리는 사랑이 불가능한 시대에 살고 있다.

많은 이들이 부모로부터 제대로 사랑을 받지 못한 채 성장한다. 어린 시절에 사랑을 받지 못한 어른들은 이성, 자식, 이웃을 제대로 사랑하지 못한다. 치열한 개인 간 경쟁과 갈등이 지배하는 사회 역시 사랑을 허락하지 않는다. 사랑이 불가능해진 결과 사람들은 지독한 외로움과 고독으로 신음하고 있다.

인간은 사랑 없이는 살 수 없는 존재이다. 인간에게 사랑이 얼마나 중요한지는 사랑의 결핍과 실패가 모든 정신장애와 불행, 온갖 사회악의 근본 원인이라는 점만 보더라도 알 수 있다. 인간은 사랑의 부재를 견딜 수 없다. 이 때문에 오늘날 사람들은 그 어느 역사적 시기보다도 사랑을 처절히 갈구하며 사랑을 위해 모든 것을 바친다. 그런데도 사람들은 반복해서 사랑에 실패하고 있다. 부모들은 자식한테 공부를 하도록 강요하는 조건부 사랑, 가짜 사랑을 하면서도 그것을 사랑이라고 믿는다. 사랑 전선에 이상이 생긴 젊은이들은 SNS에 열심히 사랑의 장면을 전시하며 사랑의 실패를 회피하고 사랑이란 이름 아래 데이트폭력을 자행하기도 한다. 사람들은 서로를 도구로 대하고 이용하면서도 사랑을 하고 있다는 착각 속에 살아가기도 한다.

현대에도 사람들은 모두 사랑을 원하고 나름대로 열심히 사랑하며 살아간다. 그러나 사랑을 불가능하게 만드는 여러 이유 때문에 많은 경우 그들의 사랑은 진짜 사랑이 아닌 가짜 사랑으로 왜곡되고 변질된다. 가짜 사랑은 진짜 사랑의 정반대 결과를 낳는다. 가짜 사랑은 정신건강과 인간관계를 악화하고 사람들을 불행하게 만들며 사회 병리 현상을 증가시킨다. 이는 사랑의 문제를 해결하기 위해서는 가짜 사랑이 무엇인지 알아야 하며, 사람들이 왜 가짜 사랑을 하는지를 아는 게 중요하다는 사실을 의미한다. 그래야만 진짜 사랑으로 나아갈 수 있기 때문이다.

…

오늘날 인류는 왜 사랑이 불가능한 시대에서 살아가게 되었을까? 어떤 이들은 사랑이 불가능해진 원인을 사랑에 대한 무지나 오해에서 찾는다. 또 다른 이들은 개인의 정신건강 악화를 꼽기도 한다. 사랑이 불가능해진 이유, 사랑에서 실패하는 원인을 개인에게서 찾는 셈이다. 그러나 사람들이 사랑에서 계속 실패하는 원인, 가짜 사랑을 하는 근본적인 원인이 과연 개인에게 있을까? 나는 사랑이 불가능해진 근본적인 원인은 병적인 사회라고 믿는다. 물론 사랑에 대한 무지나 오해, 정신건강 악화도 그 주요한 원인 중 하나임은 분명하다. 그러나 그것들은 본질적으로 병든 사회가 초래하거나 강요한 것이므로 근본적인 원인이라고는 할 수 없다.

사랑을 불가능하게 만드는 근본적인 원인이 병든 사회라면 사랑에 대한 교육이나 선전, 심리 상담이나 치료만으로는 사랑의 문제를 해결할 수 없다. 그것들은 사후약방문이나 미봉책에 불과하기 때문이다. 우리가 다시 사랑하면서 행복하게 살 수 있으려면 사랑을 불가능하게 만드는 병든 사회를 개혁해야 한다. 그러나 지금까지 사랑의 문제를 다룬 대부분의 심리학 연구들은 그 원인과 해결책을 개인에게서 찾았다. 서구 사회에서 사랑의 문제를 다룬 수많은 심리학 논문이나 책이 출간되었지만, 인류가 여전히 사랑의 문제를 해결하지 못하며 오히려 그 정도가 더 심해지고 있는 까닭이 바로 여기에 있다.

인류가 다시 사랑하며 살아갈 수 있으려면, 사랑이 충만한 행복한 사회로 나아가려면 어떻게 해야 할까? 개인적 차원에서는 진짜 사랑, 특히 인간에 대한 사랑이 무엇인지 정확하게 알아야 한다. 그리고 그렇게 사랑하기 위해 노력하고, 사랑을 할 수 있는 사회적 존재로서의 능력을 쌓아야 한다. 에리히 프롬은 《사랑의 기술》이라는 저서에서 이 주제를 깊이 다뤘다. 그는 인간에 대한 사랑의 본질이 인간 본성에 대한 사랑임을 밝히고, 사랑의 능력이란 곧 사회적 존재로서의 인간의 능력이므로 우리가 사랑의 능력을 키우지 못한다면 사랑에서 실패를 면치 못할 것이라고 말했다.

사회적 차원에서는 사랑을 방해하거나 가로막고 있는 사회적 조건들을 없애야 한다. 즉 사회를 개혁하기 위해 싸워야 한다. 사실 인간에 대한 사랑인 인류애, 형제애야말로 사회의 발전과 진보를 이끌어온 원동력이라고 할 수 있다. 인간을 사랑하는 사람은 당연히 사람들이 살아가는 세상이 더 나아지기를 바라고, 궁극적으로는 이상사회를 꿈꿀 것이기 때문이다. 이는 진짜 사랑에 대해 정확히 아는 것이 더 나은 미래로 나아가기 위한 선결 조건이라는 의미다. 우리가 어느 하나 소홀히 함이 없이 이 두 가지 차원에서의 노력을 동시에, 치열하게 기울인다면 다시 진정으로 사랑할 수 있게 될 것이다.

이 책은 크게 3부로 구성되어 있다. 1부에서는 현실에서 다양한 형태로 나타나는 가짜 사랑과 그것이 초래하는 심리적, 사회적 폐해를 다룬다. 2부는 가짜 사랑이 무엇인지, 왜 오늘날의 한국인들이 가짜 사랑을 하게 되는지를 설명한다. 마지막 3부는 진짜 사랑이 무엇인지 살펴보고 진짜 사랑을 하려면 어떻게 해야 하는지를 살펴본다. 이 책이 사랑을 간절히 바라면서도 사랑의 실패로 인해 괴로워하는 이들, 사랑이 불가능한 세상으로 인해 고통받는 이들, 그래서 진짜 사랑을 하면서 살기를 갈망하는 이들에게 위로와 도움이 되길 바란다.

차 례

2부 주류 심리학은 왜 문제의 원인을 은폐하는가

3부 진짜 사랑은 왜 사회개혁을 향하는가

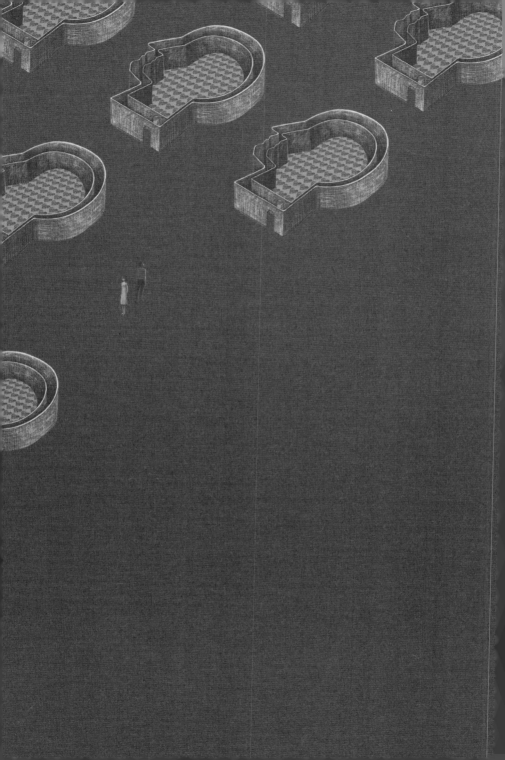

1부

진짜 사랑을 잊어버린
한국 사회

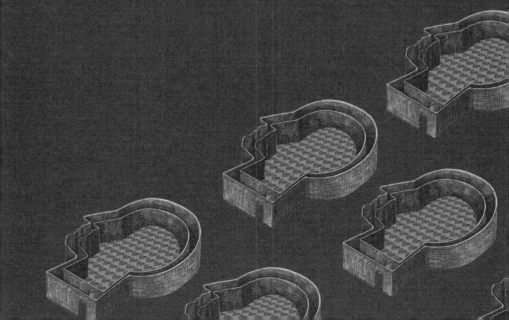

1장

왜 모두 사랑에
실패하고 있는가?

"다 죽어버리면 좋겠어요!"

얼마 전에 본 수사물 드라마에는 검사가 범인에게 왜 애인을 죽였냐고 묻는 장면이 있었다. 범인은 이렇게 대답한다.

"사랑해서요. 너무 사랑해서 죽였어요!"

요즘 세상에는 이런 가짜 사랑은 흔한 반면, 진짜 사랑은 좀처럼 찾아보기 힘든 것 같다. 사랑이 실종된 세상이라고 해도 과하지 않을 정도다. 오늘날 사람들은 과거보다 더욱 사랑에 목을 매지만, 사랑으로 인해 더 큰 고통을 받고 있다. 이 때문에 아예 사랑을 포기하고 혼자서 살겠다는 사람들도 늘어났다. 너무나 사랑을 하고 싶지만 할 수가 없거나, 사랑을 하려고 할수록 더 행복해지는 게 아니라 더 고통스러워지고 불행해지는 경우가 많기 때문이다. 그야말로 사랑의 혼돈 시대이다.

독일의 사회학자인 울리히 벡$^{Ulrich Beck}$과 사회심리학자 엘리자베트 벡-게른스하임$^{Elisabeth Beck-Gernsheim}$은 《사랑은 지독한, 그러나 너무나 정상적인 혼란》이라는 저서에서 "사랑은 그 어느 때보다도 더 중요해졌겠지만, 동시에 그 어느 때보다도 더 불가능하게 될 것이다."[1]라고 경고했다. 내가 《풍요중독사회》라는 저서에서 반복하여 강조했듯이 신자유주의가 초래한 가장 심각한 악영향은 가족을 비롯한 중소규모의 공동체를 완전히 파괴함으로써 개인을 파편화하고 서로 싸우도록 만들었다는 점이다. 1980년대 이전까지의 불평등은 기본적으로 계급 간 불평등이었다. 계급 간 불평등은 사회개혁 운동이나 노동운동과 같은 공적이고 집단적인 투쟁을 통해 해결을 시도해볼 수 있었다. 그러나 현재 상황은 이와 다르다.

신자유주의 시대의 불평등, 즉 1990년대 이후의 불평등은 기존의 계급 간 불평등에 개인 간 불평등이 추가된 최악의 불평등이다. 개인 간 불평등의 심화는 개별 인간관계를 악화시켜 계급 간 불평등에 눈을 돌리지 못하게 만든다. 일상적인 인간관계부터 고통을 받기 때문에 계급 간 불평등이라는 문제는 뒷전으로 밀려난다. 예를 들면 갑질하는 직장 상사나 자기를 무시하는 동창생보다 어떻게든 돈을 더 많이 벌어서 높은 서열로 올라가겠다는 생각을 할 뿐, 인간관계를 악화시키는 근본적 문제를 해결하는 쪽으로는 관심을 돌리지 못한다.

이 때문에 개인 간 불평등에서 비롯된 갈등은 대부분 사적 관계 속에서 분출되며 사무실, 학교, 식당, 카페 나아가 가정의 부엌, 침실

등에서 싸움을 촉발하고 있다. 그 결과 인간관계는 더욱 악화된다. 과거의 계급 간 불평등은 사회운동을 통한 해결을 꾀했기에 사회발전을 촉진하는 원동력으로 작용할 수 있었고, 개인 간 인간관계는 상대적으로 양호했다. 반면 오늘날의 불평등은 사회발전과는 무관한 사적인 갈등과 싸움을 초래함으로써 사회를 붕괴시키고 있다.

때문에 오늘날 우리는 사랑을 하고 싶어도 주변에 사랑할 사람이 없다는 심각한 상황을 마주하고 있다. 생존과 지위 상승을 위한 잔인한 경쟁을 강요하는 신자유주의로 인해 사람들은 완전히 파편화, 개인화되었다. 사람들은 여전히 또 간절히 사랑을 원하지만 모든 공동체가 붕괴되어 단독자로서 살아가야만 하는 요즘 같은 세상에서는 사랑을 주고받을 사람을 발견하기조차 힘들다.

마을, 직장, 학교 같은 중소규모 공동체가 존재했던 시절만 하더라도 최소한 그런 공동체 안에서는 사랑을 주고받으며 살아갈 수 있었다. 이런 공동체가 붕괴하기 시작하자 사람들은 어쩔 수 없이 자기 가족과만 사랑을 주고받으며 살아가기 시작했다. 그러나 마침내 신자유주의가 가족 공동체마저 파괴—가족 관계를 악화시켰다는 걸 의미한다—하자 사람들은 그 어디에서도 사랑의 대상을 찾을 수가 없게 되었다. 사랑하고 싶지만 사랑할 인간을 찾을 수 없는 사람들, 그리고 악화된 인간관계 때문에 타인에게서 심각한 상처를 입은 사람들은 인간에 대한 사랑을 포기하고 반려동물을 키우면서 살아가기도 한다. 인간을 사랑할 수 없게 된 상실감과 고통을 반려동물을 키우는 것으로 달래는 셈이다.

어떤 이들은, 현대 사회는 과거에 비하면 사람들이 소셜미디어 등으로 아주 긴밀하게 연결된 사회인데 왜 사랑할 사람을 찾을 수 없다고 말하냐고 물을지도 모른다. 지금이 과거에 비해 사람들이 더 빠르게, 더 촘촘하게 연결된 사회라는 것은 분명하다. 하지만 아는 사람이나 SNS 친구가 많다는 것이 곧 사랑을 주고받을 사람들이 많다는 의미는 아니다. 오늘날은 피상적인 관계는 많지만 정작 사랑을 주고받을 수 있는 친밀하고 건강한 관계는 거의 없는, 소위 관계 속의 고독 혹은 군중 속의 고독이 일반화되어 있는 고독의 시대이다. 사람들이 진정으로 바라는 것은 피상적인 관계, 단기간의 계약관계가 아닌 사랑을 주고받을 수 있는 관계이지만, 오늘날 사랑의 관계를 맺기는 점점 더 힘들어지고 있다.

묻지마 범죄, 혐오와 증오 사이

신자유주의가 사람들을 단순히 파편화, 개인화하기만 했다면 그나마 다행이었을 것이다. 그러나 신자유주의는 공동체를 파괴하는 데 그치지 않고 개인에게 드라마 〈오징어 게임〉에서 볼 수 있는 것과 같은 약육강식의 혈투를 하도록 강제했다. 그 결과 사람들은 서로를 사랑하고 위해주기보다는 경계하고 불신하며, 적대시하고 증오하며 살아가게 되었다. 그야말로 만인에 대한 만인의 투쟁이 벌어지는 사회다. 한 사람이 다른 사람에게 흉기가 되는 잔인한 세상에서 사람들은 서로에게 끊임없이 상처를 입히고, 인간관계에서는 기쁨이나 행복보다는 고통과 불행을 더 많이 경험하게 된다. 신자유주의 사회는 사람들이 인간관계에서 반복적으로 상처와 고통을 경험하게 만듦으로써 인간을 증오하는 사람들을 양산하고 있다.

미국에서는 인간혐오 범죄 혹은 인간증오 범죄라고 할 수 있는 총기 살인 혹은 총기 난사 사건이 지속해서 증가 추세다. 미국 질병통제예방센터^{CDC}의 2022년 보고서에 의하면 2020년에 미국에서 총기 관련 사고로 사망한 사람은 살인과 자살을 합해서 무려 4만 3,595명으로 사상 최고치를 기록했다. 이 중 총기 자살 사망자가 절반 이상을 차지하며 총기 이용 살인사건은 1만 9,350건에 달한다. 이는 2019년에 비해 34.6퍼센트나 증가한 수치로 1994년 이후 26년 만에 가장 높은 증가 폭을 기록한 것이다. 그 결과 미국에서는 20세 미만 사람들의 사망원인 가운데서 총기가 교통사고, 약물, 질병 등을 제치고 1위를 차지하였다. 총격 사고로 숨진 18세 이하 인구가 2019년에는 1,732명이었는데 2021년에는 2,590명으로 50퍼센트나 급증했다. 한국 아동·청소년의 사망원인 1위가 자살이라면 미국 아동·청소년의 사망원인 1위는 총기인 셈이다.

사실 한국은 총기를 구할 수 없다는 점에서만 차이가 있지, 총기 살인의 원인이 되는 인간혐오나 인간증오 심리에서는 미국을 바짝

뒤쫓고 있다. 이 사실은 최근에 사람들을 큰 충격에 빠뜨렸던 일련의 인간증오 범죄 사건을 통해 확인할 수 있다. 얼마 전에는 한 청년이 신림동 부근에서 칼을 휘둘러 사람들을 무차별적으로 살상한 사건이 발생했고, 곧바로 분당에서도 유사한 사건이 발생했다. 이런 사건들이 발생하자 상당히 많은 청소년과 청년이 무차별 살인을 예고하는 글을 인터넷에 올리기도 했다. 얼마 전까지만 해도 청소년과 청년의 가장 큰 고통은 부모나 어른들로부터 사랑받지 못했다는 문제였다. 그리고 그것은 젊은 세대의 높은 자살률로 표현되었다. 그러나 최근에는 인간관계에서 심각한 상처를 지속해서 입은 결과 인간을 혐오하고 증오하게 된 젊은이들이 빠르게 증가하는 추세다.

내가 만났던 한 젊은이는 "인간은 본성적으로 악해요. 다 죽어버려야 해요. 특히 한국 놈들이 제일 문제에요. 다 죽어버렸으면 좋겠어요."라고 말했다. 그에게 '신림동 칼부림' 살인에 대한 의견을 묻자 주저 없이 범인의 마음에 공감한다고 대답하기도 했다. 바야흐로 한국판 총기 난사 사건의 시대가 열리고 있다. 한국의 높은 자살률, 한국판 총기 난사 사건은 한국 사회가 사랑에서 심각한 문제를 겪고 있음을 보여주는 증거다.

각자도생의 시대, '죽음의 키스'

객관적으로 사랑이 거의 불가능한 사회와 시대에 살고 있는데도, 사람들은 과거보다 더 사랑에 집착하고 있다. 이런 과열된 관심과 갈망은 사랑이 불가능해진 현실을 반영하는 현상이다.

원래 제아무리 중요한 것이라고 해도 그것에 별문제가 없으면 사람들은 크게 관심을 두지 않는다. 예를 들어 심장은 사람의 생명을 좌우하는, 아주 중요한 역할을 하는 신체 기관이다. 그러나 심장에 이상이 없는 한 자기의 심장에 관심을 기울이는 사람은 별로 없다. 일상적으로 자신의 심장박동을 세면서 사는 사람이 얼마나 되겠는가? 그러나 평소에는 심장에 전혀 관심이 없던 사람일지라도 심장이 비정상적으로 뛰거나 통증을 느끼는 등 이상이 생기면 심장에 큰 관심을 기울이게 된다. 이 사람은 심장박동을 주의 깊게 관찰하거나 인터넷에서 심장질환 관련 정보를 열심히 찾아보기도 하고, 병원에 방문하기도 할 것이다.

따라서 사람들이 과거보다 훨씬 더 사랑에 목을 매는 이유는 인간에게 사랑이 너무나 중요함에도 사랑하는 것이 거의 불가능해졌기 때문이다. 오늘날 인류가 자존감, 행복 등에 과거보다 훨씬 더 큰 관심을 보이는 이유도 같은 맥락이다.

신자유주의는 사랑을 실제로는 불가능하게 만들어놓고, 사랑에 매달리도록 유혹하고 부추긴다. 신자유주의 사회는 각종 매체를 통해 사랑에 대한 환상을 지속적으로 유포한다. 영화나 드라마, 대중가요 등은 여전히 사랑만이 유일한 탈출구라거나 현실의 온갖 문제를 사랑으로 다 극복할 수 있다고 주장하면서 현실에서는 거의 찾아보기 힘든 마법 같은 사랑 이야기들을 꾸준히 생산하고 퍼뜨린다. 한마디로 현실 도피 수단으로서의 마법 같은 사랑, 운명적인 사랑이라는 환상을 조장하는 것이다. 문화산업의 절대적 영향력 때문에 대중은 세상이 어떠하든 간에 환상적인 사랑은 가능하며, 그런 사랑을 하기만 하면 모든 문제가 해결될 거라는 허황한 믿음의 끈을 놓지 못한다.

이와 함께 소셜미디어 같은 네트워크도 사랑을 포기하지 못하도록, 사랑에 집착하도록 압박한다. 소셜미디어에는 성공적으로 사랑하는 것처럼 보이는 사람들, 행복한 것처럼 보이는 삶을 자랑하는 사람들로 넘쳐난다. 사람들은 소셜미디어를 보면서 "나만 빼고 모두가 사랑에 성공하고 다들 행복하게 살고 있구나."라는 생각에 자신을 더욱 초라하게 여기며 괴로워한다. 그리하여 이를 악물고 더욱 사랑을 위해 분발한다.

그런데 SNS에다 알콩달콩 사랑하는 장면이나 행복에 겨운 모습을 올리는 사람들은 정말로 아름다운 사랑을 하고 있거나 행복한 것일까? 페이스북에 게시물을 올리는 행위와 실제 관계가 얼마나 관련이 있는지를 살펴본 연구에 따르면, 남들에게 완벽한 이미지를 보여주려고 애쓰는 커플은 자기들의 관계를 알리는 데 별 관심이 없는 커플보다 사이가 더 좋지 않았다. 사람들은 사랑 전선에 이상이 없을 때가 아니라 상대의 감정에 확신이 없을 때, 즉 관계가 불안정할 때 페이스북에다 관계를 과시하는 게시글이나 이미지를 올렸다.[2] 또 다른 연구에 따르면 가족 사이가 친밀하지 않다고 걱정하는 사람이 그렇지 않은 사람보다 타인으로부터 긍정적인 관심을 얻어내기 위해 SNS를 더 자주 이용했다.[3] 이런 연구는 실제로는 사랑에 실패하고 행복하지 않으면서, 그렇지 않은 척하기 위해 사랑의 성공을 자랑하는 글과 이미지를 올리는 사람들이 많다는 사실을 보여준다.

문제는 이런 게시글이나 이미지가 현실을 오해하게 만들어 사람들을 더욱 고통스럽게 한다는 데 있다. 만일 절대다수가 솔직하게 사랑의 어려움이나 실패를 토로하거나 불행을 하소연한다면 사람들은 나 혼자만 사랑의 실패와 불행으로 고통받는 게 아니라는 걸, 따라서 이는 모두의 문제라는 걸 깨닫고 '모두가 사랑에 실패하고 있다면 그것은 개인이 아닌 잘못된 사회 때문이 아닐까?'라는 합리적 의심을

품을지도 모른다. 그러나 치열한 경쟁 사회, 서열 사회에서 살아가는 사람들은 사랑의 어려움이나 불행을 솔직하게 드러내기를 두려워한다. 그것은 자신이 경쟁에서 낙오된 '루저'임을 공개적으로 드러내는 멍청한 짓이자 타인으로부터 경멸이나 무시를 자초하는 일종의 자해 행위이기 때문이다.

오늘날 대중매체나 소셜미디어 등에는 성공적인 사랑과 행복이 넘쳐난다. 그로 인해 사람들은 요즘 같은 세상에서도 사랑은 가능하고 사랑에만 성공하면 현실의 온갖 문제가 해결될 수 있다고 믿으면서 반드시 사랑에서 성공하겠다고 다짐한다. 참담한 현실에는 관심을 끄고 사랑에만 더욱 집착하고 매달리는 것이다.

거짓 사랑에 집착하는 사람들

온갖 악조건 속에서도 사람들은 사랑만은 절대 포기할 수 없다는 각오로 최선을 다해 사랑하기 위해 노력한다. 그 이유는 무엇보다 사랑을 포기한 삶, 사랑이 없는 삶은 상상하기조차 싫을 정도로 끔찍하다는 것을 너무나 잘 알기 때문이다. 하지만 그런 노력에도 불구하고 사랑에 성공하기란 대단히 힘들다. 신자유주의 사회가 사랑을 못 하도록 가로막는 탓이다. 사람들이 계속해서 사랑에 실패할수록 사랑은 더 중요해진다. 《사랑의 인문학》의 저자인 주창윤 교수는 이런 역설적인 상황을 "갈수록 사랑하는 일은 어려워지고 있기 때문에 사랑은 이전보다 더 중요해지고 있다."⁴고 표현하기도 했다.

사랑을 방해하는 원인은 여러 가지가 있지만, 그중에서 으뜸은 각자도생의 삶이 필연적으로 초래하는 이기주의와 정신건강 악화—이기주의와 정신건강 악화는 서로를 강화하는 악순환의 관계에 있다—이다. 오늘날 한국 사회에서 사람들은 나름대로 최선을 다해 사랑하려고 애써보지만, 이기심에 사로잡힌 탓에 서로에게 상처를 주고 서로의 정신건강을 파괴한다. 이기주의는 인간을 자신의 욕망이나 이익을 위한 이용 대상 혹은 도구로 간주하게 만들고, 삶의 의미나 가치를 박탈하며, 사랑을 불가능하게 만드는 등의 부정적 작용으로 정신건강을 가혹하게 파괴한다.

특히 "응답 없는 사랑과 버림받음의 경험은 다른 형태의 사회적 굴욕 못지않게 당사자의 인생을 뒤흔드는 결정적 타격"⁵이라는 에바 일루즈ᴱᵛᵃ ᴵˡˡᵒᵘᶻ의 말이 시사해주듯이, 이기주의 때문에 사랑을 주고받지 못하는 점은 정신건강을 치명적으로 악화한다. 이기주의와 정신건강 악화는 사람들이 서로를 사랑하지 못하도록 방해하는 데 그치지 않고 서로를 차별하거나 무시하고, 학대하거나 괴롭히도록 강요한다. 자본주의가 신자유주의 시대에 들어선 이후부터 전 세계적으로 불안 수준이 급격히 증가하고⁶ 정신장애나 사회병리 현상, 반사회적 범죄 등이 급증한 건 이 때문이다.

사랑이라는 말이 아직 낭만적으로 들릴지도 모르지만, 이기주의와 정신건강 악화로 인해 한국 사회에서는 사랑으로 포장한 타인들에 대한 억압과 학대, 착취와 도구화가 만연해 있다. '아주 친밀한 폭력'이라 불리는 가정 내의 폭력부터 커플 간의 관계에서 발생하는 데이트폭력이나 가스라이팅 등, 소위 사랑하기 때문에 벌어지는 끔찍한 사건, 사고들이 범상한 뉴스거리가 되어버린 지 오래다. 한마디로 오늘날 사람들은 사회적 악조건 속에서도 여전히 사랑을 원하기에 나름대로 최선을 다해보지만 이기주의와 정신건강 악화로 인해 건강한 사랑을 하지 못하고 그 과정에서 오히려 상처받고 고통받는 경우가 많다는 것이다.

심리학자 에리히 프롬Erich Fromm 은 나름대로 최선을 다해서 사랑을 해보지만 가짜 사랑을 함으로써 결과적으로는 상대방을 괴롭히거나 파괴하는 사랑을 '죽음의 키스'라고 표현했다. 즉 자신은 누군가를 사랑해서 그에게 키스를 했는데, 그 사랑이 가짜 사랑이어서 키스가 상대방을 행복하게 해주거나 성장시키는 것이 아니라 오히려 불행하게 만들거나 죽게 만든다는 뜻이다. 이기주의와 정신건강 악화가 극단에 이르고 있는 오늘날, 사람들은 여전히 사랑을 하려고 애쓰지만, 안타깝게도 그 사랑은 가짜다.

2장

사랑이라 불리는 거짓말

'다 너를 위해서' 라는 부모의 거짓말

현실을 보면 다들 자신이 열심히 사랑하고 있다고, 의심의 여지없는 사랑이라고 굳게 믿지만 실제로는 죽음의 키스, 즉 가짜 사랑을 하는 사람들이 너무 많다. 가장 대표적인 사례는 부모의 가짜 사랑이다. 이는 아마도 사람들의 정신건강 그리고 사회에 제일 큰 악영향을 미치고 있는 가짜 사랑일 것이다. 어린 시절에 부모로부터 참다운 사랑을 받지 못하는 것이야말로 온갖 마음의 상처와 정신장애, 사회병리 현상과 범죄 등의 기초적인 원인이기 때문이다.

한국 부모들은 자식을 괴롭히기로 악명이 높다. 심리학자 권석만은 다음과 같이 말했다.

우리나라 아동과 청소년이 느끼는 학업 스트레스는 부모에 의한 것이다. 부모가 자녀에게 학업 스트레스를 주는 이유는 자녀를 사랑하기 때문이다. 자녀가 행복하려면 좋은 대학에 들어가야 한다는 부모의 생각 때문이다. 자녀의 행복을 위한 부모의 사랑이 자녀를 불행하게 만들고 있는 것은 참으로 역설적인 현실이다.[7]

한국 아동·청소년의 학업 스트레스는 세계 1위다. 반면 행복 지수는 수년간 OECD 회원국 최하위를 기록했다. 권석만이 정확하게 지적했듯 한국의 아동·청소년을 불행하게 만드는 스트레스의 주요 원천은 부모다. 한국인들은 심각한 생존 불안과 존중 불안에 시달린다. 즉 "돈 못 벌면 굶어 죽는다."라는 생존 불안과 "돈 많이 못 벌면 무시당한다."라는 존중 불안에 시달려서 정신이 황폐해져 있다. 이런 심각한 불안이 부모들을 돈에 집착하게 만들며 물질주의 행복론을 믿도록 만든다.

개인의 생존을 전적으로 개인이 책임져야만 하는 비정한 사회에서는 돈이 없으면 굶어 죽기 마련이고, 인간의 가치가 돈에 좌우되는 천박한 속물적 사회에서는 돈을 많이 못 벌면 버러지 취급을 당하기 십상이다. 돈 없는 고통, 가난의 고통이 얼마나 끔찍한지를 잘 아는 한국 부모들은 자식이 훗날 돈을 못 벌게 될까 봐 전전긍긍한다. 자식이 돈을 못 버는 것을 그렇게까지 걱정하는 이유는 돈이 없으면 절대로 행복할 수 없다는 행복론, 즉 '돈=행복'이라는 절대적 믿음 때문이다.[8] 그래서 부모들은 자식에게 열심히 공부하라고 압박을 가한다.

부모 대부분은 동의하지 않을지도 모르지만, 자식이 공부를 잘하면 훗날 행복해질 거라는 믿음은 아무런 근거가 없는 미신에 불과하다. 여러 연구 결과는 물론, 한국의 현실 사례 또한 어려서부터 공부를 강요당한 아이들이 오히려 불행한 어른으로 성장할 확률이 높다는 것을 보여준다. 한국 부모들은 아이들에게 공부를 강요하면 아이들이 공부 스트레스로 인해 힘들어하거나 불행해진다는 사실을 잘 알고 있다. 온 신경을 쏟으며 직접 자식을 키우는 부모라면 아이들이 공부 때문에 괴로워한다는 걸 모를 리 없다. 물론 공부를 강요하는 과정에서 자식과의 관계가 악화되고, 자식이 괴로워하는 모습을 지켜보는 부모의 마음은 절대로 편치 않다. 그럼에도 자식의 '현재 행복'과 '미래 행복' 중에서 오직 하나만을 선택해야 하는 괴로운 선택지에 내몰릴 때, 부모들은 이를 악물고 후자를 선택한다.

이들은 자식이 미래에 행복해지기 위해서는 어른이 될 때까지 불행하게 살아야만 한다는 끔찍한 진실을 받아들이고는 기꺼이 악역을 자처한다. 부모는 자식을 향해 "너를 사랑해서 공부를 강요하는 거야."라고 말하며, 스스로에게는 '자식을 미워해서가 아니라 사랑해서 이러는 것뿐이야.'라고 되뇌서 자신의 행동을 합리화한다. 만약 아이들이 아주 어려서부터 공부를 너무나 좋아하여 자발적으로 공부하고 싶어 한다면 부모들이 공부를 강요하더라도 별문제가 없을 것이다. 그러나 어려서부터 공부하기(여기에서 말하는 공부란 입시를 목적으로 하는 공부나 사교육을 의미한다)를 좋아하는 아이는 있을 수 없다.

사랑으로 조종하는 부모들

그렇다면 공부하기 싫어하는 자식을 억지로 공부하게 만들려면 부모는 어떻게 해야 할까? 부모가 지닌 절대무기를 사용하면 된다. 바로 사랑이다. 아이들에게 가장 중요한 것, 즉 어린 시절의 인간에게 가장 중요한 건 뭐니뭐니 해도 부모의 사랑이다. 아이는 부모에게 의존하며, 부모의 사랑에 목을 매고 있는 존재이다. 어린 자식이 부모에게 버려진다는 건 아이에게는 생존의 문제다. 따라서 부모에게 저항하지도, 부모의 사랑을 포기하지도 못한다.

이를 악용하여 부모는 사랑이라는 무기를 능수능란하게 또 최대한으로 활용하여 자식이 열심히 공부하게끔 몰아간다. 이것이 바로 신자유주의 사회에서 부모-자식 관계, 나아가 가족 내의 갈등이 심각해진 중요한 원인이다. 벡과 게른스하임은 서구 사회에서의 가족 내 갈등과 다툼의 원인에 대해 "청소년들이 부모의 기대에 따라 살지 못하는 가족들에서는 미래의 계획에 대한 긴긴 싸움이 일어나고 갈등과 긴장이 일어날 가능성이 높다."[9]라고 말했다.

심리학자들은 부모가 자식에게 공부를 강요하는 수단으로 사랑을 이용하는 행위를 흔히 '조건부 사랑'이라고 부른다. 조건부 사랑이란 자식이 공부를 열심히 하거나 성적이 우수하면 사랑을 주고, 공부를 등한시하거나 성적이 나쁘면 사랑을 줄이거나 철회하는 식으로 조건에 따라 사랑을 줬다 안 줬다 한다는 뜻이다. 조건부 사랑의 목적은 타인을 지배하고 조종하는 것이다. 당연히 이것은 가짜 사랑이며, 조건부 사랑을 받는 사람은 상대가 자신을 사랑하지 않는다는 사실을 안다. 구체적으로 말하자면 자기가 존재만으로는 사랑을 받을 수가 없다는 사실, 자신이 사랑받을 만한 자격을 갖춘 존재가 아니라는 사실을 알게 된다. 부모로부터 조건부 사랑을 받은 자식이 예외 없이 부모의 사랑을 받지 못할까 봐 전전긍긍하면서 살아가고, 사랑을 받지 못한 사람 특유의 애정 결핍증에 시달리는 건 이 때문이다. 에리히 프롬은 조건부 사랑의 문제점을 다음과 같이 지적했다.

무조건적 사랑은 어린애만이 아니라 모든 인간의 가장 절실한 갈망의 하나이다. 한편 어떤 장점 때문에, 곧 사랑받을 만해서 사랑받는 경우 언제나 의심이 남는다.[10]

부모가 자식에게 공부를 강요하는 것을 두고 그들이 자식을 도구화한다고 말하면 어떤 이들은 의문을 제기할지도 모른다. 물론 부모 대부분이 자식의 행복을 바라기 때문에 자식에게 공부를 강요한다는[11] 데엔 의심의 여지가 없다. 그러나 과연 그들은 자식의 행복한 미래를 바라는 순수한 사랑의 마음만으로 자식들에게 가혹하고 불행한 어린 시절을 강요하고 있는 걸까?

자식이 열심히 공부하는 모습을 보면 부모의 마음은 편안해지고 기분이 좋아진다. 왜냐하면 그런 모습이 자신의 불안감을 줄여주기 때문이다. 반대로 자식이 공부를 안 하고 즐겁게 노는 모습을 보면 부모의 마음은 불편해지고 때로는 화가 나기도 한다. 그 모습이 자신의 불안감을 심각하게 자극하기 때문이다. 만일 한국 부모들이 심각한 불안에 짓눌려 있지 않다면, 어려서부터 공부를 열심히 하지 않으면 훗날 불행해질 거라는 잘못된 믿음을 가지고 있더라도 자식에게 공부를 강요하는 짓은 하지 않을 거다. 자식에게 공부를 강요하면 죄책감이나 미안함 같은 부정적인 감정이 생기기 마련인데, 사람이라면 당연히 그런 부정적 감정을 회피하고 싶다.

그런데 이상하게도 한국 부모들은 공부 강요가 초래하는 부정적 감정을 회피하려고 하지 않는다. 왜 그럴까? 공부 강요가 초래하는 부정적 감정보다 이중 불안(생존 불안과 존중 불안)을 더 견디기 어려워하기 때문이다. 한국 부모들은 불안에 짓눌려 죽기 일보 직전이어서, 차라리 자식을 괴롭히며 생겨나는 부정적 감정을 차선책으로 선택한다. 심하게 표현하자면 자기가 살겠다고 자식을 괴롭히는 길을 선택하는 셈이다.

자식은 도구가 아니다

자신의 자존감을 높이기 위한 도구로 자식을 이용하는 부모들도 있다. 어떤 부모는 자식이 학교 성적이 우수하거나 좋은 대학에 입학하고 좋은 직장에 다니는 것 등이 자기의 자존감을 높여준다고 느끼기 때문에 그것을 바란다. 한국에는 자식이 공부를 잘하거나 좋은 대학에 가야만 훌륭한 엄마로 평가해주는 잘못된 분위기가 있다. 그런 조건을 만족하지 못하면 자식을 잘 키우지 못한 나쁜 엄마, 혹은 무능력한 엄마라고 비난받기도 한다. 이 때문에 한국의 엄마들은, 분명 자식을 위하는 마음이 있음에도, 남들한테 높은 평가를 받기 위해 자식에게 공부를 강요하고 출세를 하라고 밀어붙인다. 이런 부모는 자식이 기대에 미치지 못하면 몹시 창피해하면서 자식을 구박하거나 혼낸다. 이 부모들에게 자식은 부모를 빛나게 해줄 장식품, 도구에 불과하다.

공부를 못했거나 학력이 낮은 부모가 그렇지 않은 부모에 비해 자식에게 더 공부를 강요하고, 좋은 대학에 가라고 압력을 가하기도 한다. 열등감이 심해 자신을 사랑하지 못하는 부모는 자식에게 입버릇처럼 "너는 나보다 더 잘되어야 한다.""너는 나보다 더 좋은 대학에 가야 한다.""너는 나처럼 가난하게 살면 안 된다."라고 말하곤 한다. 이런 말을 하는 이유는 자식을 사랑해서라기보다는 자신의 열등감, 자신의 실패한 인생을 자식을 통해 만회하고 보상받기 위해서이다.

부모의 가짜 사랑은 단순히 자식에게 사랑을 주지 않는 데에 국한되는 문제가 아니다. 이는 자식의 정상적인 성장과 발달에 지장을 초래하고 마음의 상처나 정신장애를 유발한다는 점에서 심각한 사회문제이다.

가족을 무너뜨리는 사회

불안한 것은 부모이지 아이가 아니다. 어린 자식은 자신이 훗날 돈을 많이 벌지 못하면 불행해질 거라고 생각하지 않으며, 그런 생각 때문에 불안해하지도 않는다. 아이가 즐겁게 놀면 불안해지는 것은 부모다. 한국 부모들은 불안이 너무 심해서 그것을 견뎌내거나 이겨낼 수가 없다. 그 결과 부모는 자신의 불안을 완화하거나 경감하기 위해 자식에게 불우하고 불행한 어린 시절을 강요한다. 이것은 한국 부모들이 자식에게 공부를 강요하는 주된 원인이 자기 불안을 경감하거나 방어하기 위해 자식을 도구화하는 행위와 관련이 있음을 의미한다.

지금까지의 논의가 한국 부모들이 자식을 사랑하지 않는다는 뜻은 아니다. 한국 부모들은 대부분 자식을 사랑한다. 그러나 자식에게 불행한 어린 시절을 강요하고 그런 행위가 초래하는 부정적 감정과 고통을 감내할 정도로 부모들 불안이 심각하다는 것 또한 분명한 사실이다. 최근 많은 심리학자가 아이에게 어떤 문제가 생기기만 하면 부모를 탓한다. 그러나 부모를 불안하게 만든 원인이 병든 사회라는 말은 거의 하지 않는다. 물론 부모에게 책임이 없다고 말할 수 없고, 자식들에게 직접적으로 상처를 주는 당사자는 부모이다. 그러나 부모 역시 병든 사회의 피해자이기 때문에 부모를 탓하는 것은 문제 해결에 도움이 되지 않는다.

내가 가장 강조하고 싶은 것은 부모 문제가 본질적으로 사회 문제라는 점이다. 사회학자 울리히 벡은 "사회가 부부의 어깨 위에 짊어 지워 놓은 사적인 고투와 고통이라는 짐이 고스란히" 자식들에게 돌아가게 된다고[12] 지적했다. 부모가 자식을 건강하게 사랑하지 못하도록 만드는 주요 원인이 사회라고 비판한 것이다. 사실 그의 지적처럼 부모들의 공부 강요는 부모들이 사회로부터 강요당한 자기의 불안을 자식들에게 떠넘기는 비의도적 행위다. 따라서 부모의 공부 강요와 그로 인한 정신건강 악화의 문제를 해결하는 근본 해결책은 사회를 부모를 불안하지 않게 해주는 건전한 사회로 개혁하는 것이다.

'너무나 사랑해서' 라는 연인의 거짓말

부모의 가짜 사랑만큼은 아닐지라도, 이성 간의 가짜 사랑 역시 오늘날 한국 사회를 위협하는 요인 중 하나다. 이성 간의 가짜 사랑이라고 해서 부모의 가짜 사랑과 본질적인 차이가 있는 건 아니다. 인간관계에서 나타나는 가짜 사랑의 본질은 이기적인 사랑이라는 데 있기 때문이다.

이성 간의 가짜 사랑이 초래하는 가장 심각한 사태는 상대를 향한 폭력으로, 그 대표적인 사례가 데이트폭력이다. 요즘에는 "너를 사랑해서 때리는 거야."처럼, 말 같지 않은 말에 동의하는 사람을 찾아보기 힘들다. 이제 "북어와 여자는 두들겨 패서 사람을 만들어야 한다." 따위의 말을 하면 지탄을 면키 어려울 정도로 사회가 성숙했기 때문이다. 그러나 이렇게 사회적 인식이 변화했는데도 불구하고 데이트폭력은 근절되지 않았다. 데이트폭력이란 간단히 말해 서로 사귀기 시작한 남녀가 상대에게 언어적, 물리적으로 폭력을 행사하는 것이다. 서로 사랑하여 사귀는 사이가 되었는데, 왜 상대에게 폭력을 행사하는 걸까?

우선 자신의 분노나 충동을 제대로 통제하지 못해서 폭력을 행사하는 사람들이 있다. 이것은 물론 데이트폭력이지만 가짜 사랑이라고 말하기는 어렵다. 오히려 성숙한 인간으로서의 능력, 특히 자기통제 능력이 부족하고 정신건강이 좋지 않아서 사랑을 하지 못한다고 말하는 게 타당하다. 충동적으로 폭력을 행사하는 사람들은 대체로 폭력을 행사한 다음에는 잘못했다고 사과한다. 자기는 상대를 정말로 뜨겁게 사랑하는데, 단지 자신의 나쁜 성질머리 때문에 그런 못된 짓을 저질렀다면서 싹싹 빌기도 한다.

이런 사례는 사랑은 마음만으로 할 수 있는 게 아니라, 사랑하는 능력이 뒷받침되어야만 가능하다는 점을 잘 보여준다. 환자를 치료해주고 싶은 마음이 제아무리 굴뚝같더라도 의사로서 실력이 없으면 환자를 치료하지 못한다. 실력 없는 의사가 환자를 수술하겠다고 설치다가는 환자를 오히려 죽게 만들 수도 있다. 이런 의사는 치료를 하기 전에 일단 의사로서의 실력부터 키워야 한다. 이와 마찬가지로, 충동을 조절하지 못해서 상대에게 폭력을 행사할 위험이 있는 사람은 사랑을 하기 전에 일단 사람부터 되어야 한다. 즉 사회적 존재로서 사람이 가져야 할 필수적인 능력부터 획득해야만 한다.

다음으로 상대를 지배하고 조종하기 위해 폭력을 행사하는 사람들이 있다. 이것이 진짜 데이트폭력이자 가장 악질적인 데이트폭력이다. 누군가에게 타인을 지배하고 조종하려는 목적이 있다면, 자신이 그런 목적을 의식하든 하지 못하든, 그 자체가 잘못되고 병적인 심리이다. 심지어 그런 목적을 실현하기 위한 주요한 수법으로 폭력을 사용하는 것은 더 병적이다. 동물을 길들이기 위해 사용하는 대표적인 수단은 채찍과 당근인데, 인간은 길들이거나 지배하고 조종할 수 있는 존재가 아니므로 동물 대하듯 하면 안 된다. 그러나 마음이 병든 사람들은 자기 이익이나 욕망을 실현하기 위해 타인을 지배하고 싶어하기 때문에 동물을 길들이는 데 사용하는 수단인 채찍과 당근으로 인간을 조종하려고 한다.

채찍과 당근 중에서 데이트폭력은 채찍을 사용하는 것이다. 폭력은 공포심을 유발함으로써 상대를 자신에게 복종하게 만들 수 있다. 더욱이 그것을 장기간에 걸쳐 반복적으로 사용하면 상대는 무력감에 빠지고 자존감이 떨어져 나중에는 그 어떤 저항도 할 수 없는 상태가 되어버린다. 이런 폭력의 위력을 잘 알고 있거나 실전을 통해 그 위력을 검증하고 단련시켜온 데이트폭력자들은 상대를 지배하고 조종하기 위해 폭력을 능수능란하게 사용한다. 데이트폭력에는 성차가 있어서 남성은 주로 물리적 폭력을 사용하는 반면 여성은 언어적 폭력을 쓴다. 그러나 대부분 데이트폭력의 주체는 육체적으로 우위에 있는 남성이다.

데이트폭력의 피해자들은 이런 말을 듣기도 한다. "상대가 폭력을 행사하면 당장 헤어지면 되지 않는가? 헤어지지 않은 당신에게도 책임이 있다." 원칙적으로는 맞는 말이다. 그러나 현실에서는 그렇게 하기가 쉽지 않다. 데이트폭력의 가해자들이 데이트를 시작하는 초기부터 당장 강도 높은 폭력을 사용하지는 않기 때문이다. 논쟁하다가 상대가 갑자기 언성을 높이거나 눈을 무섭게 부라리는 등의 행동을 하면 사람들 대부분은 그것을 폭력이라고 생각하지 않는다. 나아가 그런 행동이 반복되며 조금씩 고조되더라도 그것을 성격 탓이려니, 더 친해진 탓이려니, 내가 말실수를 해서 그러려니 하며 넘어간다. 상대의 사소한 실수를 빌미로 연인관계를 깨는 건 그리 쉬운 일이 아니다.

이렇게 초기의 데이트폭력은 그것이 폭력인지 아닌지 명확하게 구분하기 애매하므로 그것을 이유로 헤어지기란 쉽지 않다. 하지만 약한 강도의 폭력이나 은근한 폭력도 폭력은 폭력인지라 피해자의 마음속에서는 공포나 무력감 등이 점점 커진다. 데이트폭력의 가해자는 이런 변화를 놓치지 않고 폭력의 수위를 점점 끌어올림으로써 상대를 완전히 지배하는 데 성공한다. 이 시점에서 데이트폭력의 피해자는 가해자가 너무 무서워서 헤어지기 어려워진다.

가스라이팅과 스토킹

물리적 폭력이 아닌 다른 방법으로도 인간을 지배하고 조종할 수 있는데 그것이 바로 가스라이팅 gaslighting 이다. 가스라이팅은 남편이 자기의 범죄를 은폐하기 위해 아내를 미치광이로 몰아가는 연극《가스등》에서 유래한 용어다. 은밀한 학대와 착취의 한 유형인 가스라이팅이란 상대의 자기통제력과 판단력(진실과 허위, 옳고 그름 등을 판단하는 능력) 등을 장악하여 상대가 자신에게 전적으로 의존하고 복종하도록 만드는 것을 말한다.

가스라이팅의 명수들은 다종다양한 방법을 총동원하여 상대가 자신의 판단력이나 자기통제력을 의심하게 만든다. 상대를 걱정하여 보살피고 돌봐주는 척하면서 상대가 자신에게 의존하도록 만드는 친절한 방법도 있고, 상대의 판단이나 행동을 계속 비난함으로써 상대가 스스로에 대한 믿음을 잃도록 만드는 방법도 있으며, 사랑받기에 목말라하는 심리를 이용해 상대가 자신의 판단을 고수하면 그를 버릴 것처럼 굴어 판단을 자기에게 위임하도록 만드는 방법도 있다. 이를 통해 무엇이 옳은지, 내가 경험한 것이 사실인지 아니면 착각인지 계속 의심하게 해서 판단을 내리지 못하게 만든다. 그 결과 장기간에 걸쳐 가스라이팅을 당한 사람은 단지 자신의 사고력이나 판단력을 의심하는 데 그치지 않고 자존감과 자신감을 완전히 상실하며, 매사에 자기 탓을 하는 사람이 되면서 가스라이팅의 가해자에게 전적으로 의존하고 복종하게 된다.

인간을 지배하고 조종하는 것을 목적으로 한다는 점에서 악질적인 데이트폭력이나 가스라이팅은 동일하다. 그러나 데이트폭력은 폭력적인 방법으로 공포를 조장하는 반면 가스라이팅은 다양하고 세련된 방법을 사용하여 자기 불신을 조장한다는 점에서 차이가 있다. 일반적으로 가스라이팅은 이성 관계에서 가장 흔하게 발견되지만, 이성 관계에 국한되지는 않으며 어떤 인간관계에서도 발생할 수 있다. 만약 적당한 능력과 조건만 갖춘다면 청소년이 성인을 대상으로 가스라이팅하는 것조차 가능하다.

또 하나 이성 간의 가짜 사랑 때문에 발생하는 심각한 문제로는 스토킹 stalking 을 빼놓을 수 없다. 언론을 떠들썩하게 만든 충격적인 스토킹 사건이 자주 발생해서인지, 요즘에는 일상적인 대화에서 "하하, 그렇다고 제가 스토킹을 하는 건 아니고요."라는 말을 할 정도로 이 용어가 대중화되었다.

스토킹은 연애 관계가 끝난 후에 발생하는 스토킹과 연애 관계가 없는 스토킹으로 구분할 수 있다. 연애를 하다가 상대가 헤어지자고 요구했을 때 이별을 받아들이지 못해 상대의 SNS 등을 계속 들여다보는 것, 상대를 계속 감시하거나 따라다니는 것, 상대에게 지속적으로 문자나 전화를 하는 것, 상대에게 반복적으로 선물을 보내는 것, 상대의 집 앞에서 서성거리거나 기다리는 것, 상대에게 다시 사귀자고 조르거나 위협하는 것 등이 연애 관계가 끝난 후에 발생하는 스토킹이다. 이와는 달리 누군가에게 연애를 제안했으나 상대에게 거절 당한 뒤에 혹은 그런 제안조차 없는 상태에서 위에서 열거한 행동을 하는 것이 연애 관계가 없는 스토킹이다.

이 중 어떤 경우이든 스토킹의 가해자들은 당하는 사람의 안위나 행복, 괴로움이나 고통에는 거의 관심이 없다. 그들의 관심은 오로지 자기 자신에게만 쏠려 있다. 스토킹의 가해자는 누군가를 사랑해서 그를 스토킹하는 게 아니라, 오직 자신의 욕망이나 이익을 위해 스토킹 대상을 소유하려고 한다. 그들은 스토킹 대상을 조금도 사랑하지 않으면서 마치 부모한테 장난감을 사달라고 조르는 어린아이처럼 상대에게 자기를 사랑해달라고 요구하거나 강요한다. 물론 가해자들은 자신이 상대를 사랑하고 있다고 굳게 믿으며, 그 중에는 스토킹의 대상이 자기를 사랑하고 있다는 자기중심적인 사고나 망상에 빠져 있는 이들도 있다.

잘못하면 스토킹을 적극적인 짝사랑이나 구애로 오해할 수도 있는데 양자는 엄연히 다르다. 짝사랑과 스토킹은 상대를 대하는 태도로 구분된다. 짝사랑을 하는 사람은 상대가 괴로워하거나 싫어하는 행동은 하지 않는다. 반면에 스토킹을 하는 사람은 상대가 괴로워하든 말든, 싫어하든 말든 상관하지 않는다. 짝사랑은 대상중심적이지만 스토킹은 철두철미하게 자기중심적이다. 스토킹은 상대와 이별하느니 차라리 그 사람을 죽이겠다는 극단적인 행동으로 이어지기도 한다. 실제로 최근 언론에는 연인이 헤어지자고 하자 스토킹을 하면서 괴롭히다가 결국에는 옛 연인을 죽이는 끔찍한 범죄가 심심찮게 보도되곤 한다. 심지어는 전 연인만 죽이는 게 아니라 그의 가족까지도 살해하는 끔찍한 범죄까지 이따금 발생한다.

죽음을 부르는 질투

연인을 죽이는 것으로 치면 병적인 질투를 빼놓을 수 없다. 질투심은 이성 간의 관계에서 사랑받기를 독점하려는 욕망의 좌절에 기초해 발생하는, 극심한 적대감이나 증오를 동반하는 부정적인 심리이다. 질투심은 다양한 인간관계에서 관찰되지만, 주로 독점적이고 배타적인 이성 간의 연인관계에서 발생한다. 예전부터 문학작품에 이런 일이 자주 등장하는 점으로 미루어볼 때 연인을 질투해서 그를 죽이는 일은 과거부터 꽤 있었던 듯하다.

조르주 비제 Georges Bizet 의 오페라 〈카르멘〉에서 돈 호세는 카르멘이 고무신을 거꾸로 신자 질투에 불타올라 그녀를 스토킹하다가는 결국 죽인다. 질투로 정신이 나가버린 사람들은 자신이 상대를 너무 사랑해서 도저히 헤어질 수가 없기 때문에 죽이는 것이라고 주장한다. 한때 카르멘을 위해 아름답고 절절한 사랑의 노래를 부르기도 했던 돈 호세는 왜 카르멘을 죽였을까?

돈 호세는 뭇 남성들의 시선을 사로잡았던 절세미녀인 카르멘이 자기의 연인이 되자 마치 자신이 대단한 사람이라도 된 것 같은 즐거운 기분에 사로잡힌다. 돈 호세에게 카르멘은 자신을 한껏 빛나게 해줄, 자신의 자존감을 드높여줄 값비싼 장식품이었다.

물론 돈 호세가 카르멘을 사랑했던 까닭에는 그녀가 인간 장식품으로서의 가치를 지닌 점 외에도 다른 이유들이 있었다. 그러나 그의 가짜 사랑에서 가장 중요한 요인은 카르멘을 소유함으로써 잘난 사람이 되고 싶다는 이기적인 욕망을 충족시키는 것이었다. 카르멘에게 버림받는다는 것, 카르멘이 자신을 사랑하지 않는다는 것은 돈 호세의 자존감이 한순간에 바닥을 치게 만드는 끔찍한 사건이었다. 그러나 이것만으로는 돈 호세가 카르멘을 죽인 이유를 충분히 설명할 수 없다. 돈 호세가 카르멘을 죽이기까지 했던 이유는 그녀가 다른 남자와 연애하는 꼴을 두 눈 뜨고 볼 수가 없어서였다. 만일 카르멘이 자기를 떠나간 이유가 수녀원에 들어가 수녀가 되려는 것이었다면 돈 호세는 그녀를 죽이지 않았을 것이다. 돈 호세는 카르멘을 자기 혼자 독점하려는 욕망과 그것에서 비롯된 병적인 질투심 때문에 카르멘을 죽였다.

비슷한 사례를 하나 더 살펴보자. 셰익스피어 William Shakespeare 의 희극 《오셀로》에 등장하는 전쟁 영웅 오셀로 장군은 부하인 이아고의 간계에 속아넘어가 아내인 데스데모나를 목 졸라 죽인다. 흑인에다 이교도 출신인 그에게 귀족 출신이고 미인인 아내는 자신의 열등감을 방어해주고 보상해주는 눈부신 장식품이었다. 그러나 그녀가 바람을 피운다고 믿게 되는 그 시점부터 데스데모나는 장식품으로서의 가치를 상실한다. 오셀로 역시 데스데모나라는 최고의 인간 장식품이 다른 남자의 소유물로 바뀌는 것을 용납하지 못했다. 사실 오셀로 정도로 당시에 잘 나가는 인물이었다면 데스데모나를 잃는다 하더라도 새로운 인간 장식품을 금방 구할 수 있었을 것이다. 그러나 그는 아내를 놓아주기보다는 죽이는 쪽을 선택한다. 이는 오셀로가 데스데모나를 독점하려는, 즉 그녀의 사랑을 기어이 독점하려는 병적인 욕망을 가지고 있었음을 보여준다.

어른들이 다른 친구에게 장난감을 양보하라고 하면 화가 나서 그 장난감을 부숴버리는 고약한 아이들이 있다. 이런 아이들은 자기의 장난감을 남들과 절대로 공유하지 않으려 한다. 남한테 장난감을 양도하느니 아끼던 장난감을 부숴버릴 정도로 그것을 혼자서만 독점하고 싶어한다. 이런 행동의 이면에는 남들에게 사랑을 양도하지 못하도록 만드는 심각한 애정 결핍이 자리 잡고 있다. 배가 너무 고픈 사람은 남들에게 음식을 나눠주지 못하고 혼자서 다 먹으려고 한다. 마찬가지로 사랑받기에 굶주려 있는 사람은 자기가 받아야 할 사랑이 타인들에게로 향하는 것을 견디지 못한다.

돈 호세는 카르멘이 자기를 더 이상 사랑하지 않는다는 것도 견딜 수 없었지만, 카르멘이 다른 사람을 사랑하는 것은 더더욱 견딜 수 없었다. 카르멘의 사랑은 온전히 자기 차지여야만 했기 때문이다. 여기에서 주목할 점은 질투심이 사랑하기 혹은 사랑을 주기와는 아무

연관이 없고 사랑을 받는 것에만 집중된 감정이라는 점이다. 그렇기 때문에 원칙적으로 질투심은 사랑하기가 기본인 성숙한 어른이 아닌 사랑받기가 기본인 아이한테 나타나는 감정이다. 성인의 경우에는 사랑을 주기보다는 받는 것에 집착하는, 사랑이 아동기적 수준에 묶여있는 사람에게서 전형적으로 질투가 나타난다.

이렇게 말하면 성인이 질투심을 느끼는 것은 잘못이라고 오해할 수도 있는데, 이성 관계에서 나타나는 성인의 질투심은 정상적인 심리이다. 왜냐하면 연인 혹은 부부 관계의 전제조건은 남녀가 서로 사랑을 주고 받는 상호적인 사랑이기 때문이다. 뒤에서 자세히 다루겠지만 이성 간의 사랑은 독점적이고 배타적인 성격을 띤다는 점에서 여타의 사랑들과 다르다. 더욱이 이성 간의 사랑은 "나는 오직 너만을 사랑하겠다."는 도덕적 약속과 신뢰에 기초하기 때문에 만약 상대가 자기 이외의 다른 이성을 사랑하면 질투심을 느끼는 건 당연하다.

이런 정상적인 질투심은 결별이나 이혼을 하는 등으로 연인 혹은 부부 관계가 끝나면 점차 줄어드는 게 정상이다. 사람들은 결국 상대가 자기만을 사랑해주는 것, 더는 상대로부터 사랑을 받는 것이 불가능하다는 현실을 받아들이기 때문이다. 이에 비해 병적인 질투심을 지닌 사람은 상대가 오직 자기만을 사랑해주기를 바라는 욕망, 언제까지나 상대의 사랑을 독점하려는 욕망을 포기하지 못한다.

사랑을 독점하려는 욕망의 좌절은 강한 분노를 유발한다. 질투에 수반되는 분노는 독점적으로 사랑을 받으려는 욕망의 좌절과 도덕적

의무를 배신한 것에 대한 정상적인 감정이다. 진짜 상대를 사랑하는 마음이 있다면, 이런 분노는 상대를 죽이게 만들지는 않는다. 그러나 상대를 사랑하지는 않으면서 받으려고만 하는, 가짜 사랑을 하는 사람은 질투에 수반되는 과도한 분노로 인해 상대를 죽일 수도 있다. 병적인 질투심은 뿌리 깊은 애정 결핍에서 비롯된 과도한 사랑 독점욕에 의해 발생하는, 비정상적인 심리이다.

'믿습니다!'라는 맹신자의 거짓말

신자유주의적 자본주의가 초래한 정신건강의 악화로 인해 나날이 더 심해지고 있는 가짜 사랑이 하나 있다. 바로 광신적 사랑, 혹은 우상 숭배적 사랑이다. 어떤 정치지도자나 유명 연예인, 종교지도자 등을 광적으로 사랑하는 사람들이 있다. 이들은 자신이 사랑하는 사람을 신비화하고 우상화하면서 그를 비판하거나 반대하는 사람들에게 극렬한 적개심과 분노를 표출한다. 광신적인 사랑이 가지고 있는 특징은 다음과 같다.

첫째, 광신적 사랑은 눈먼 사랑이다. 이성적이고 합리적인 사고에 기초한 사랑이 아닌 비이성적이고 맹목적인 가짜 사랑이다. 광신적 사랑을 하는 사람들은 자신이 사랑하는 누군가를 맹목적으로 감싸고 돈다. 예를 들면 광신도들은 그들이 떠받들던 사이비 교주가 잘못이나 범죄를 저질렀다는 사실이 명백하게 밝혀져도 그것을 믿지 않으며 그를 무조건 감싸고 옹호한다. 광신적 사랑은 눈먼 사랑이기 때문에 이런 사랑을 하는 사람들은 내로남불의 대가가 되어, 내 편은 무조건 감싸고 도는 반면 상대편은 무조건 배척한다. 최근에 한국 사회에서는 진영논리를 질타하는 목소리가 커지고 있는데, 이것 역시 광신적인 사랑과 일정 정도 관련이 있다.

둘째, 이기적인 사랑이다. 광신적 사랑을 하는 사람들은 사랑의 대상이 정말 좋아서 그 대상을 사랑하는 게 아니다. 사랑의 대상 혹은 그 대상을 사랑하는 행위가 자신의 심리적 상처를 어루만져주거나 자신의 욕망을 충족해주기 때문에 사랑하는 것이다. 무력감에 시달려 의존할 대상을 갈구하는 사람들은 강한 카리스마를 지닌 정치지도자를 사랑할 수 있다. 그런 지도자 혹은 그를 사랑하는 행위가 자신의 무력감을 달래고 의존심을 충족하는 데 도움이 되기 때문이다. 성공과 출세에 대한 욕망이 뜨거운 사람들은 유명 연예인이나 셀럽을 사랑한다. 그 대상과 미래 혹은 현재의 자신을 동일시함으로써 대리만족을 느끼기 때문이다. 이런 식으로 무력감, 외로움, 초라함과 같은 마음의 상처를 달래기 위해서 혹은 자신의 불건전한 욕망을 충족하기 위해서 누군가를 미친 듯이 사랑하는 게 바로 광신적 사랑이다.

이는 광신적 사랑이 마음의 상처(정신장애), 그리고 병적인 욕망과 불가분의 관련이 있음을 의미한다. 광신적 사랑은 무력감에 기초하는 의존과 동일시 같은 심리 현상을 동반하므로 자기 상실을 초래하는 경우가 많다. 심한 경우 광신적 사랑을 하는 사람들이 자기를 완전히 상실한 채 사랑의 대상에게 맹목적으로 충성하거나 복종하는 까닭은 이 때문이다. 광신적인 사랑은 사이비 종교지도자의 명령을 따라 신도들이 집단자살을 저지르는 경우처럼 심각한 자기 상실을 초래할 수도 있다. 결국 광신적 사랑은 사실 사랑의 대상을 사랑하는 게 아니라 자신의 상처나 욕망을 위해 그 대상을 이용하는 것이므로 이기적인 사랑이고 가짜 사랑이다.

셋째, 변덕스러운 사랑, 신뢰할 수 없는 사랑이다. 광신적 사랑을 하는 사람들은 인정하지 않겠지만 그들에게 정말로 중요한 것은 사랑의 대상이 아니라 자기 자신이다. 그렇기에 그들은 사랑의 대상이 더 이상 자신의 상처를 어루만져주지 못하거나 자신의 욕망을 충족해주지 않는다고 판단되면, 단순히 사랑을 철회하는 것에 그치지 않고 몹시 화를 내며 어제까지만 해도 미친 듯이 사랑했던 사랑의 대상을 열렬히 증오한다. 요즈음 한국 사회에는 한때는 열광적인 팬이었다가 갑자기 돌변하여 극렬 안티가 되는 사람들이 꽤 있는데, 이런 사람들이 대표적인 예다. 이런 점에서 광신적인 사랑은 병적인 질투심 때문에 상대와 이별하느니 그를 죽여버리는 걸 선택하는 가짜 사랑과 닮은꼴이라고 할 수 있다.

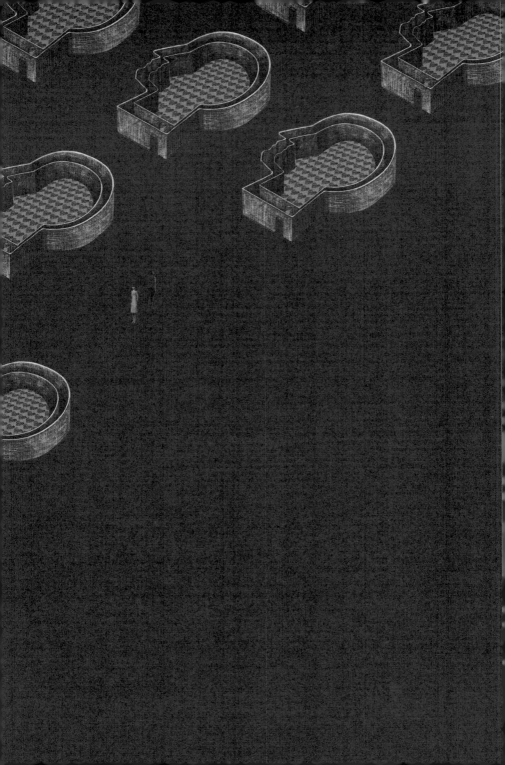

2부

주류 심리학은 왜
문제의 원인을 은폐하는가

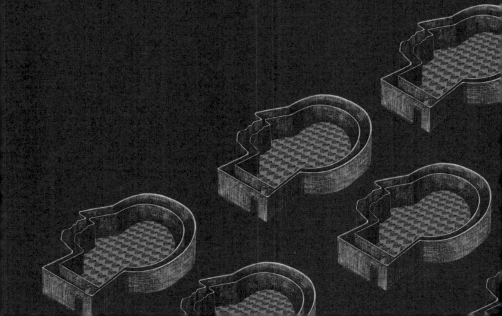

3장

가짜 사랑이란 무엇인가?

만남이 갈수록 황폐해지는 이유

가짜 사랑을 하고 싶은 사람은 아무도 없다. 사람이라면 누구나 진짜 사랑을 바라기 마련이다. 어떤 이들은 사람들이 가짜 사랑을 하는 이유는 사랑이 무엇인지 잘 알지 못해서라고 말한다. 한마디로 가짜 사랑의 주요 원인이 사랑에 대한 오해라는 거다. 따라서 그들은 진짜 사랑을 하려면 사랑이 무엇인지부터 정확하게 알아야 한다고 주장한다. 그러나 가짜 사랑의 원인을 무지나 오해에서 찾는 이런 견해는 한계가 있다.

사람에게 값을 매기는 자본주의

인간을 상품으로서 사랑하는 것은 자본주의 시대를 대표하는 가짜 사랑이다. 현대 자본주의 사회는 인간을 인간으로서 사랑하지 말고 상품으로서 사랑하라고 강요한다. 실제로 사람은 무생물인 상품을 사랑하기도 하며, 상품을 상품으로서 사랑하는 데엔 아무 문제가 없다. 그러나 인간을 상품으로서 사랑한다면 그 사랑은 가짜 사랑일 수밖에 없다.

인간에 대한 사랑은 거의 변함이 없지만 상품에 대한 사랑은 변덕스럽다. 상품에 대한 사랑은 그 상품의 가치, 특히 나한테 얼마나 유용한가 하는 사용가치로 좌우되기 때문이다. 최신 스마트폰을 막 구입한 사람은 성능이 우수한 그 스마트폰을 애지중지한다. 하지만 2~3년쯤 지난 뒤, 성능이 저하되거나 자꾸 오동작하면 그 사람은 스마트폰을 함부로 대하기 시작한다. 스마트폰의 상품 가치 하락에 비례해 사랑도 식기 때문이다.

왜 현대 사회에선 인간을 상품으로서 사랑하는 일이 만연하게 되었을까? 봉건제 사회는 기본적으로 자급자족 사회였다. 조선 시대 사람들은 자기가 신으려고 짚신을 만들었고, 자기가 살기 위해 초가집을 지었다. 즉 짚신이나 초가집은 상품이 아니었다. 물론 봉건제 사회에서도 시장에서 판매되기 위해 생산되는 상품이 있었지만 그 비중은 그리 크지 않았다. 이와 달리 자본주의 사회에서는 모든 것이 상품화된다. 자본주의 사회에서 사람들은 자기가 사용하기 위해 신발이나 집을 만들지 않으며, 시장에서 상품으로 판매하기 위해 만든다. 생산되는 모든 것이 상품이 되자 사람들은 세상의 모든 것을 상품으로 간주하게 되었고 그 결과가 바로 모든 것의 상품화다.

초기 자본주의는 우선 인간의 노동력을 상품화해 시장에서 사고팔았다. 이때 노동자가 자신의 노동력을 자본가에게 판매하고 그 대가로 받는 돈을 임금이라고 한다. 그러나 인간이 자신의 노동력만을 그 나머지로부터 뚝 떼어 판매하는 것은 현실적으로 불가능하다. 노동력의 상품화가 필연적으로 인간 자체의 상품화로 귀결되는 까닭은 이 때문이다. 시간이 지나자 자본주의는 인간 자체를 상품으로 취급하여 시장에서 사고팔기를 당연시하게 되었다. 요즈음 한국 사회가 몸값이라는 표현을 별다른 거부감 없이 사용하는 건 이런 세태를 반영한다. 인간까지 상품화한 자본주의 사회는 인간관계를 질적으로 변화시켰다. 인간관계가 인간 대 인간 사이의 사랑의 관계에서 상품 간의 교환관계 혹은 거래관계로 변질된 것이다.

한국 역시 자본주의화가 진척되면서 사회적 차원에서는 대부분의 인간관계가 상품 간의 교환관계로 변질되었다. 그러나 이런 흐름에도 불구하고, 한국의 경우에는 1980년대까지 인간관계가 교환관계로 전환되는 움직임은 제한적이었다. 한국인 특유의 끈끈한 우리주의와[1] 중소규모 공동체가 최후의 버팀목 역할을 해주었기 때문이다. 이 시기까지는 마을, 학교, 직장, 가족 같은 공동체가 존재했기에 사람들은 최소한 공동체 안에서만큼은 여전히 사랑에 기초한 인간관계를 맺을 수 있었다. 이런 공동체는 진짜 사랑을 할 수 있는 최후의 보루였다.

그러나 1990년대 이후부터 신자유주의가 한국을 온통 뒤덮으면서 '우리주의'는 크게 퇴조했고 중소규모 공동체가 모두 붕괴되었다. 그결과 한국에서도 상품 간의 교환관계가 모든 인간관계를 규정하고 지배하게 되었다. 이 심각한 사회적 변화는 사람들이 진짜 사랑을 하지 못하게 만들었다. 사람들은 상품에 대한 사랑 혹은 상품으로서의 인간을 사랑하는 데 익숙해졌고, 그것을 사랑이라고 착각하거나 오해하게 되었다.

사랑은 받은 만큼만 주는 것?

상품으로서의 인간에 대한 사랑은 계산적인 사랑이다. "물질적 재화에 있어서나 사랑에 있어서나 '받은 만큼 준다'는 것이 자본주의 사회의 보편적인 윤리적 격언이다."[2]라는 에리히 프롬의 말처럼, 상품 간의 교환관계 혹은 거래 관계를 지배하는 규칙은 등가교환의 원칙이다. 이 원칙에 따르면 1,000원의 가치를 지닌 볼펜은 10,000원의 가치를 지닌 가방과 10대 1의 비율로 교환되어야 한다. 다시 말해 볼펜 10개와 가방 1개를 교환해야 공정한 거래다. 상품을 등가로 교환하지 못했을 경우 사람들은 그런 교환을 불공정하거나 비윤리적이라고 판단하며, 손해를 봤다고 느껴 억울해하거나 화를 낸다.

얼핏 보면 등가교환은 매우 공정하고 합리적인 교환으로 보인다. 실제로 상품 간의 교환관계에서 최선은 항상 등가교환을 하여 그 누구도 손해를 보지 않는 것이다. 그래서인지, 인간관계에서도 등가교환의 원칙만 철저하게 지키면 모든 게 순탄할 거라고 착각하는 사람들이 있다. 그러나 인간관계에 등가교환의 원칙이 도입되면 사랑은 불가능해지며 반드시 인간관계가 악화된다. 그 이유를 두 가지만 들면 다음과 같다.

첫째, 상품으로서의 인간의 가치를 정확하게 매기는 것이 매우 어렵기 때문이다. 상품의 경우에는 가치를 매기기가 비교적 수월하다. 일반적으로 상품은 그것을 만들기가 쉬운가, 혹은 그것이 희소한가에 따라 가치가 결정된다. 상품을 만드는 데 원자재나 부품, 노동력 등이 많이 투입되면 그만큼 가치가 높아지며 또 희귀할수록 가치가 높아진다. 예를 들면 선풍기보다는 자동차에 더 많은 부품, 노동력, 시간이 투입되기 때문에 자동차의 가치가 더 높고, 지천으로 널린 흙보다는 희귀한 황금이 더 가치가 높다. 이와 달리 상품으로서의 인간에게는 정확한 가격표를 붙이기가 쉽지 않다. 물론 한국에서는 통상적으로 돈과 직결되는 직업, 소유물, 외모 등을 기준으로 상품으로서의 인간의 가치가 매겨지고 있다. 그러나 상품으로서의 인간의 가치를 매기는 일은 상품에다 가격표를 붙이는 일처럼 단순하지가 않다.

일류대학교를 졸업하고 대기업에 입사한 두 명의 남성이 있다고 해보자. 사회 통념상, 삼류대학을 졸업하고 영세기업에 입사한 남성보다 이들에게 더 높은 가치를 매기는 일은 뒷말이 없을 터다. 그러나 대기업에 입사한 이 두 남성의 가치를 똑같이 매겨도 되는 걸까? 두 사람은 여러 면에서 차이가 있을 것이다. 외모에서도 차이가 있을 수 있고, 지식수준, 배경이나 성공 가능성 등에서도 차이를 보일 수 있다. 그런 요소를 모두 고려해 두 사람의 가치를 정확하게 매기기란 거의 불가능하다. 만일 중매쟁이들이 두 남성 중 한 명에게는 90점을, 다른 남성에게는 80점을 매긴다면 두 사람은 모두 불만을 가질 수 있다.

둘째, 설사 상품으로서의 인간의 가치를 정확하게 매긴다 해도 등가교환을 하기가 어렵기 때문이다. 서울대를 졸업하고 대기업에 입사한 남성은 어느 정도로 예쁜 여성과 결혼해야만 알맞은 등가교환이라고 할 수 있을까? 그 남성은 어떤 직업을 가진 사람들과 어울려야 등가교환일까? 모든 사람이 사회적 통념에 따라 최선의 등가교환을 시도한다 해도 당사자는 자신이 등가교환을 하지 못했다고 생각할 수 있다. 그 결과 교환 상대에 대한 불만이 생겨나며 사랑이 식거나 관계가 악화된다.

등가교환을 위한 관계의 점수판

심리학자 르완도스키 Gary W. Lewandowski 는 '관계의 점수판'이라는 직관적인 표현을 사용하면서 등가교환의 원칙에 기초하는 계산적인 사랑이 이기주의로 귀결될 위험이 크다고 경고한다.

> 자신이 상대에게 무엇을 해주면 상대도 자신에게 무엇을 해주기를 바랄 때 우리는 '관계의 점수판'을 만든 뒤 각자의 기여도가 어느 정도 되는지를 기록하며 점수를 비등하게 만들려고 애쓴다.[3]

남녀 간의 사랑을 등가교환의 원칙이 지배하게 된 결과, 오늘날의 젊은 남녀는 자신의 가치에 맞는 이성과 교제하는 게 당연하다고 생각하게 되었다. 즉 서로의 상품 가치를 꼼꼼히 따져서 서로 손해를 보지 않는 연애나 결혼을 해야 마땅하다고 생각한다는 것이다. 연애 관계에 들어서거나 결혼을 한 다음, 주로 문제가 되는 점은 사랑의 등가교환이다. 이는 쉽게 말해 내가 상대에게 100만큼 사랑을 주면 상대도 나한테 100만큼 사랑을 돌려줘야 공정하다는 논리다. 만약 상대가 등가교환의 원칙을 위반한 경우 자신이 손해를 보고 있다는 억울한 느낌에 시달리게 되고, 상대의 비윤리적이고 부당한 행동에 분노가 생긴다. 심지어는 상대에게 사기당했다고 느낄 수도 있다.

사랑을 주고받는다는 견지에서 말하자면 이기적 사랑은 사랑을 주기는 하지만, 사랑을 주는 만큼 돌려받는 것을 전제하거나 기대하면서 주는 계산적 사랑일 뿐이다. 뒤에서 자세히 다루겠지만 진짜 사랑은 등가교환과는 무관한 사랑이다. 즉 보상을 바라지 않고 사랑하는 것이 진짜 사랑이다.

산을 사랑하는 사람이 있다고 해보자. 진짜로 산을 사랑하는 사람은 산에 갔다가 쓰레기가 널려 있으면 자발적으로 치운다. 그는 산을 사랑하기에 그런 행동을 했을 뿐이라 보상 따위는 바라지 않는다. 산을 가짜로 사랑하는 사람도 산에 갔다가 쓰레기를 보면 치울 것이다. 하지만 그는 산신령이 나타나서 자기한테 금도끼나 은도끼를 줄 거라고 기대하며 자리에 퍼질러 앉아 산신령을 기다린다. 한참을 기다렸는데도 산신령이 나타나지 않으면 그는 힘들게 쓰레기를 치웠는데도 산이 자기한테 보상을 해주지 않았으니 사기를 친 것과 마찬가지라며 화를 내다가 산에다 불을 질러버릴 수도 있다.

계산적 사랑을 하는 사람들은 절대로 손해를 보려 하지 않으며 손해를 보는 걸 몹시 싫어하거나 두려워한다. 그렇기에 그들은 사사건건 사랑을 주고받은 질과 양을 저울질하면서 그것이 등가교환이었는지를 악착스럽게 따진다. 계산적 사랑을 하는 사람들의 십팔번은 "나는 너를 그렇게 사랑해주었는데, 너는 나를 그만큼 사랑해주지 않았어."이다. 이런 사람 중에는 사랑을 준 만큼 돌려받지 못하는 것을 걱정하느라 자기가 먼저 사랑을 하는 걸 꺼리고 두려워하는 이들도 있다. 사랑을 줬는데도 돌려받지 못하는 건 분명한 손해지만, 애초에 사랑을 주지 않는다면 설사 상대가 사랑을 해주지 않는다 하더라도 최소한 손해를 보는 건 아니다. 그러니 먼저 사랑을 줬다가 손해를 보는 일을 원천차단하기 위해 절대로 사랑을 먼저 하거나 주지 않겠다는 논리다.

그래서 계산적인 사랑을 하는 연인이나 부부는 자기가 먼저 상대에게 사랑을 주지는 않고, 서로를 향해 당신이 먼저 나한테 사랑을 주면 나도 당신에게 사랑을 주겠다면서 "너 먼저 줘!"라고 외치는 희한한 싸움을 벌이기도 한다. 상품으로서의 인간에 대한 사랑이 도달할 수 있는 최선의 경지는 기껏해야 손해를 보지 않기 위해 주판알을 부지런히 튕기며 손익계산을 하는 사랑이다. 그러나 계산적인 사랑은 등가교환을 둘러싼 끊임없는 계산과 갈등, 다툼을 초래함으로써 인간관계를 파괴할 뿐이다.

인간관계가 거래관계가 될 때

오늘날의 인간관계가 상품 간의 교환관계 혹은 거래관계이며, 오늘날의 사랑이 상품으로서의 인간에 대한 사랑이라는 점은 결혼시장만 보더라도 금방 알 수 있다. 경제학자들은 오늘날 결혼이 시장의 지배를 받게 되었다는 의미에서 '결혼 시장'이라는 표현을 사용한다. 에리히 프롬은 연애나 결혼이라고 해서 상품 간의 교환관계에서 자유롭지는 않다며 다음과 같이 말했다.

자기 자신의 교환가치의 한계를 고려하면서 서로 시장에서 살 수 있는 최상의 대상을 찾아냈다고 느낄 때에만 두 사람은 사랑에 빠질 수 있다. … 시장지향적이고 물질적 성공이 현저한 가치를 갖고 있는 문화권에서 인간의 애정 관계가 상품 및 노동시장을

지배하는 것과 동일한 교환형식에 따르더라도 놀랄 이유는 하나
도 없다.[4]

시장은 상품 교환이 이루어지는 곳이다. 노동시장의 경우 사람들
은 자신의 노동력을 상품으로 내놓고 판매한다. 그렇다면 결혼 시장
에서 사람들은 무엇을 상품으로 내놓을까? 한국 사회에는 "여성은
남성을 지갑으로 보고 남성은 여성을 트로피로 본다."라는 말이 있
다. 이 말에서 알 수 있듯이 결혼 시장에서 남성은 일반적으로 사회
적 지위나 돈을 판매하고 여성은 외모나 성적 매력을 판매한다. 쉽게
말하자면 결혼 시장에서 여성은 돈 많은 남성을 구입하려 하고 남성
은 예쁜 여성을 구입하려 한다는 뜻이다.

결혼 시장의 특징은 이처럼 남성과 여성이 질적으로 전혀 다른 특
성을 '거래'할 수 있다는 점이다. 이런 특이한 거래가 가능한 이유는
오늘날 한국에서 남성의 사회적 지위와 여성의 외모를 모두 돈이라
는 공통 가치로 환산할 수 있기 때문이다. 즉 남성의 사회적 지위는
곧 돈이고 여성의 외모 역시 곧 돈이기에 시장에서 교환이 가능하게
된다. 여성의 외모가 남성의 사회적 지위나 돈과 교환될 정도로 큰
가치를 가지게 된 배경에는 외모지상주의가 있다.

물론 아주 먼 옛날부터 외모는 중요한 매력 포인트였다. 외모는 사
람들이 상대와 접촉할 때 처음으로 접하는 정보이고 상대를 전혀 모
를 때에 알 수 있는 거의 유일한 정보이기 때문이다. 그러나 소위 외

모지상주의라는 말이 보여주듯, 현대는 과거와 비교해 외모의 중요성이 훨씬 더 커졌다. 외모가 과거보다 훨씬 더 중요해진 이유는 탐욕스러운 자본주의가 인간의 신체, 특히 외모까지 상품화했기 때문이다. 오늘날의 자본주의 사회에서 외모는 이윤을 창출하는 자본으로서 기능한다. 외모가 곧 돈이라는 뜻이다.

에바 일루즈는 미디어와 화장, 유행 산업이 확장되며 외모나 성적 매력이 사회적 지위, 신분의 상징이 되었다면서 "문화산업은 미모 숭배와 나중에는 건강숭배, 성적 특징으로만 남성과 여성을 정의하는 일을 무자비하게 몰아붙였다."[5]라고 비판했다. 자본주의가 인간, 특히 여성의 외모와 성을 상품화한 결과 오늘날에는 자본이 아름다움의 기준을 정하고 획일화했다. 문화산업은 자본의 힘을 동원해 대중에게 이것이 아름다움이며 최신 유행이라고 끊임없이 교육하고 선전한다. 이로부터 사람들은 자본이 정해주거나 이끄는 기준에 부합하는 대상을 아름답다고 평가하며 매력을 느낀다.

물론 아름다움에는 대칭이나 균형 같은 보편적인 기준들이 있다. 그러나 아름다움에 대한 판단이 기본적으로 사회나 문화에 좌우된다는 점은 한국인이 미인이라고 생각하는 여성을 아마존의 원시 부족은 미인으로 여기지 않는다는 사실만 보더라도 쉽게 알 수 있다. 이런 현상을 두고 철학자 솔로몬 Robert C. Solomon 은 사람들은 자본에 의해 "아름답고 매력적이라고 인지하도록 배운 특성들만을 아름답고 매력적으로 보게 된다."[6]고 개탄하기도 했다.

최근에는 남성의 외모를 따지는 분위기도 팽배하지만, 외모는 여전히 여성에게 훨씬 더 중요하다. 돈 많은 남성이 예쁜 여성을 사는 일은 흔해도 돈 많은 여성이 외모가 뛰어난 남성을 사는 일은 흔치 않다는 것을 통해서도 이 점을 확인할 수 있다. 현대 자본주의 사회에서 아름다운 여성에게는 외모만으로도 돈을 벌 기회가 주어진다. 여성에게 외모는 그 자체가 이윤을 창출하는 자본인 셈이다. 남성에게는 사회적 지위나 돈이 곧 높은 가치이고 여성에게는 외모가 곧 높은 가치라면 남성의 돈이 여성의 외모와 교환되는 것은 공정한 상품 교환인 셈이다.

연애 상대는 쇼핑하듯 고른다

오늘날 이성 간의 사랑을 지배하는 건 결혼 시장의 법칙이다. 어떤 이들은 계산적인 결혼 시장과 청춘남녀 간의 사랑은 다르다면서, 현대 자본주의 사회에서도 낭만적 사랑이나 연애만큼은 여전히 개인적인 기호나 취향에 좌우된다고 주장하기도 한다. 결혼은 냉혹한 현실을 고려해야만 하기에 개인이 느끼는 주관적 매력보다는 사회적 지위나 돈을 우선시할 수밖에 없겠지만 청춘남녀의 사랑은 경우가 다르다는 것이다.

물론 현대 자본주의 사회에서도 개인적 차이, 취향 등은 남녀 간의 연애에 상당한 영향을 미친다. 그러나 그 영향력은 매우 제한적이다. 앞에서도 언급했듯이, 문화산업 그리고 성공한 사람이나 유명인 등은 대중에게 '이것이 바로 매력이다' '이런 것을 갖춰야 시장에서 잘 팔린다'라는 메시지를 끊임없이 각인시킨다. 그 결과 오늘날에는 특정한 시기에 그 사회에서 유행하는 것, 시장에서 잘 팔리는 것에 절대다수의 사람들이 매력을 느끼게 되었다. 매력조차 자본에게 포획되어 획일화되었다는 뜻이다. 사랑에 영향을 미치는 매력에는 주관성이나 개인차가 분명히 있지만, 시장의 영향력에 비하면 그것은 부차적일 뿐이다.

결혼 시장뿐 아니라 남녀 간의 사랑이나 연애까지도 시장에서 상품을 교환하거나 거래하는 행위로 전락했다는 것을 잘 보여주는 현상이 바로 앱을 통한 연애 상대 고르기다. 데이팅 앱 이용자들에게 어떻게 상대를 고르는지를 물어보았던 한 연구에서 응답자들은 "기계에 들어갈 완벽한 부품을 고르는 것처럼 내가 원하는 특징만 지닌 상대를 찾는다."거나 "쇼핑카트에 담을 물건을 고르듯 찾는다."[7]라고 대답했다. 이런 식의 상대 찾기를 심리학자 르완도스키는 '관계 쇼핑'이라고 말하기도 했다.

앞서 이야기했듯 상품에 대한 사랑은 그 상품의 가치에 비례하여 변화한다. 남성의 가치가 돈에 의해 좌우되는 결혼 시장에서, 어떤 남성을 선택한 여성은 그가 돈을 잘 버는 한 상품으로서는 계속 사랑할 것이다. 그러나 그가 직장에서 해고당하거나 파산하여 돈을 잘 벌지 못하게 되면 그 남성에 대한 사랑은 식어버린다. 그 남성의 가치가 없어졌기 때문이다. 이때 남편이 사업을 하다가 파산하면 아내가 남편과 함께 노점상을 하거나 남편이 재기할 수 있도록 물심양면으로 격려해주는 모습을 기대하긴 어렵다. 아내가 이혼서류를 내미는 것이 오히려 자연스러운 수순이 된다.

상품에 대한 사랑은 가치에 정비례하므로 상품으로서의 인간에 대한 사랑은 상대의 가치가 떨어지면 사랑도 식는다. 이런 사랑은 주식 시세에 따라 기분이 마구 널뛰듯 그 인간의 상품으로서의 가치가 변동함에 따라 널을 뛴다. 오늘날 이성 간의 사랑이 매우 변덕스러우며 상대를 쉽게 교체하는 믿을 수 없는 사랑이 되어버린 것은 이 때문이다.

자식은 수리하고 개조한다

안타깝지만 인간관계가 상품 간의 교환관계 혹은 거래관계로 변하는 상황은 부모-자식 간에도 예외가 없다. 앞에서도 잠깐 언급했듯이, 부모-자식 관계는 헤어지거나 결별하기가 대단히 어렵다는 점에서 이성 간의 관계와 다르다. 이성의 경우 상대 이성이 상품 가치를 상실하면 그와 헤어지거나 이혼을 해서 결별하면 된다. 그러나 자식의 경우에는 상품으로서 자식의 가치가 떨어진다고 해서 자식을 내쫓거나 버리는 게 거의 불가능하다. 상품 가치를 상실한 자식이더라도 헤어지거나 버릴 수가 없기에, 그런 자식은 부모 입장에서는 평생 짊어져야만 할 무거운 짐짝이자 고통의 원천으로 느껴질 가능성이 크다. 가치가 떨어져서 사랑할 수도 버릴 수도 없다면, 그런 상품은 도대체 어떻게 해야 할까? 고장 난 시계를 수리해서 다시 사용하듯이 가치가 높아지도록, 즉 다시 사랑할 만한 상품이 되도록 수리하거나 개조를 할 수밖에 없다.

가치를 상실한 상대를 수리하거나 개조하려고 하는 모습은 부모-자식 관계뿐 아닌 다른 인간관계에서도 흔하게 발견된다. 가치 없는 상품은 과감하게 버리면 그만이지만, 인간관계의 특성상 인간은 가치가 떨어진다고 해서 곧바로 또 쉽게 버리기 힘들다. 그래서 사람들은 적어도 처음에는 상대를 수리하거나 개조하려고 시도한다. 상대 수리하기, 개조하기에 열심인 사람들은 "너를 사랑해서 이러는 거야."라고 말한다. 이 말 자체는 맞다. 그러나 문제는 이때의 사랑이 진짜 사랑이 아니라 상품으로서의 인간에 대한 사랑이라는 데 있다. 상품으로서의 인간을 사랑하는 사람은 상대의 상품 가치가 떨어지는 것을 견딜 수가 없고 그런 상대를 사랑할 수가 없다.

따라서 자신이 다시 상대를 사랑하고 그 사람과 사이좋게 지낼 수 있으려면 반드시 상대의 상품 가치를 복원하거나 끌어올려야 한다. 즉 상대를 다시 사랑하고자 그를 수리하거나 개조하지만, 상대는 자신을 수리하거나 개조하려는 행동이 사랑, 즉 자기를 아껴주고 위하는 마음에서 비롯된 것이 아님을 본능적으로 안다. 따라서 상대의 요구에 순순히 따르기보다는 소극적 혹은 적극적으로 저항한다. 그러면 수리와 개조를 시도하는 사람은 화가 나서 온갖 방법을 동원해 상대를 더 몰아붙인다. 이런 사랑은 진짜 사랑이 아니다. 르완도스키는 상대를 수리하고 개조하는 다양한 방법들을 다음과 같이 열거하면서 그것이 사랑과는 아무 관련이 없다고 강조했다.

우리는 보통 윽박지르고 욕을 내뱉으며 짜증이나 좌절, 분노를 표출하면서 불만을 표한다. 우리는 상대를 조롱하고 경시하고 비난하고 모욕하고 놀리면서 상대를 깔아뭉갤지도 모른다. 상대가 죄책감을 느끼게 만들거나 요구를 하거나 뇌물을 사용하거나 공공연한 협박을 하면서 상대를 통제하려 들지도 모른다.[8]

여러 연구들에 따르면 상대를 수리하거나 개조하여 상품으로서의 가치를 높이려는 시도는 장기적으로 전반적인 관계의 질에 악영향을 미친다. 쉽게 말해 상대를 자기 목적에 맞게 조련하려는 시도는 관계를 악화시킨다. 이 때문에 어떤 심리학자들은 상대가 내가 원하는 쪽으로 변해야 한다고 믿는 것만으로도 관계가 위태로워질 수 있다고 경고하기도 한다.

상품 간의 사랑이 도달한 최고 경지

인간을 수리하거나 개조하려는 가짜 사랑은 부모-자식 관계에서 가장 노골적으로 표출된다. 부모에게 상품으로서의 자식은 부모의 자존감을 지탱해주는 존재이자 부모를 빛나게 해줄 멋진 장식품이다. 혹은 상처나 열등감을 방어해주거나 보상해줄 의약품이거나 인간방패이다. 부유층 부모들에겐 자신의 기득권을 계승하고 지켜내며 더 탄탄하게 해줄 충성스러운 개이자 믿음직한 곳간지기이기도 하다.

어린 자식은 현재 시점에서 상품 가치가 없지만, 그 잠재력이 무궁무진한 미래의 상품이다. 구체적으로 말하자면 공부를 잘하는 자식은 가치가 높은 미래 상품이고 공부를 못 하는 자식은 싹수가 노란 미래 상품인 셈이다. 상품으로서의 자식을 사랑하는 부모는 자식이 가치 있는 미래 상품인 것 같으면 아낌없이 사랑을 주지만 가치 없는 미래 상품인 것 같으면 사랑은커녕 화를 내며 미워한다. 이것이 바로 한국 부모들이 자식이 공부를 잘하거나 열심히 하면 사랑을 주지만 공부를 못 하거나 안 하면 사랑해주지 않고 자식한테 화를 내며 공부하라고 윽박지르고 자식을 미워하기까지 하는 중요한 이유 중의 하나이다.

지금 당장 돈을 벌어오고 있는 상품은 아닐지라도 공부를 잘하는 어린 자식, 명문 고교나 대학에 진학한 자식은 현재 시점에서도 부모의 욕망을 충족해주는 쓸모 있는 상품이 될 수 있다. 그런 자식은 최소한 남들한테 '이렇게 훌륭한 상품으로 쑥쑥 자라나는 자식이 있으니 나를 무시하지 말라'고 큰소리칠 수 있게 해주는 상품으로서의 가치가 있기 때문이다.

부모가 자식을 상품으로 간주하여 상품으로서 사랑하는 가짜 사랑을 주는데 자식이 부모를 진짜로 사랑할 리 없다. 가짜 사랑을 받은 자식은 부모를 현금지급기로서의 가치, 자신의 성공과 출세를 지원해주는 뒷배로서의 가치를 지닌 인간상품으로 간주한다. 따라서 부모가 그런 가치를 가지고 있는 한 자식은 부모를 상품으로서는 사랑하지만, 그렇지 않은 경우에는 부모를 사랑하지 않으며 오히려 원망한다.

얼마 전 한국에서 큰 반향을 불러일으킨 드라마 〈더 글로리〉는 부모와 자식이 서로를 상품으로서 사랑하는 극단적인 모습을 적나라하게 보여주었다. 이 드라마에 등장하는 기득권층 부모들은 자식들이 학교 폭력의 가해자임에도 자기 자식들을 싸고 돌며 보호한다. 그들은 자식이 선한 사람, 훌륭한 사람으로 자라나느냐 아니냐 하는 것 따위에는 아무런 관심이 없다. 그들의 유일한 관심사는 자식을 자기한테 유용한 상품으로 제조하는 것이다. 〈더 글로리〉에 등장하는 한 어머니는 자식이 상품으로서의 가치가 있을 땐 감싸고 돌지만 훗날 그 가치를 상실하고 나아가 자기한테 해가 된다고 판단하자 자식을 버린다. 상품 간의 사랑, 상품으로서의 인간에 대한 사랑이 도달할 수 있는 최고 경지라 할 만하다.

파편화된 사회의 이기적 사랑법

상품으로서의 인간에 대한 사랑과 이기적인 사랑은 밀접한 관련이 있다. 이기적인 사랑이 곧 상품으로서의 인간에 대한 사랑은 아니지만, 상품으로서의 인간에 대한 사랑은 이기적인 사랑 중 하나이다. 즉 이기적 사랑이 더 범위가 넓다. 이기적 사랑이란 자신의 욕망이나 이익을 실현하기 위해 다른 사람을 도구로 이용하는 사랑을 말한다. 상품이란 인간의 욕망을 충족하기 위한 도구, 수단이다. 따라서 상품으로서의 인간에 대한 사랑은 자신의 욕망을 충족하기 위해 인간을 도구화, 수단화하는 이기적인 사랑일 수밖에 없다. 반면에 이기적 사랑에는 상품으로서의 인간에 대한 사랑 외에도 여러 가지가 포함된다.

이기적인 사랑은 오늘날의 개인이기주의 사회를 대표하는 가짜 사랑이다. 공동체가 부재한 조건—모두가 개인으로 파편화된 조건—

에서 격렬한 경쟁을 통해 각자가 스스로의 생존을 책임져야만 하는 사회는 필연적으로 개인이기주의자를 만든다. 이런 사회에서 살아가는 사람들은 고립되어 겪는 생존 불안의 엄청난 무게를 감당할 수가 없다. 무인도에 20명이 고립되었다고 가정해보자. 만약 그 20명의 관계가 아주 좋다면 그들이 느끼는 생존 불안은 심하지 않을 것이고, 힘든 상황을 비교적 잘 극복해낼 수도 있다. 모두가 서로를 위해주면서 힘을 합치면 비록 생존 불안이 있다 하더라도 웃으면서 극복하는 게 가능하다.

반면에 무인도에 고립된 20명의 관계가 나쁘다면 그들이 느끼는 생존 불안의 무게는 엄청나게 무거워질 것이며 그것을 극복하기도 훨씬 힘들어진다. 각자 자기만 살겠다며 피 터지게 싸우는 과정에서 서로에게 상처를 입힌 결과, 다른 사람을 경계하고 미워하면서 홀로 생존 불안을 감당해야만 하기 때문이다. 이런 점에서는 콩 한 쪽을 사이좋게 나눠 먹는 가난한 사회에서 살아가는 사람들이 케이크를 두고 서로 칼부림을 하는 부유한 사회에서 살아가는 사람들보다 오히려 생존 불안이 덜하다고 할 수 있다.

신자유주의 시대를 지나면서 한국은 생존 불안의 거대한 무게에 짓눌려버린 개인이 자기 밥그릇을 확보하기 위해, 극소수 부유층이 던져주는 빵조각을 차지하려고 서로 치열하게 싸우는 끔찍한 개인이기주의 사회로 전락했다. 홀로 고립되어 생존 불안을 겪는 사람은 자기 발등에 떨어진 불을 끄는 데 급급하기에 공동체에는 거의 관심을 돌리지 못한다. 그의 관심은 온통 제 밥그릇에만 쏠리고 그 결과 개인이기주의자로 전락한다. 이기주의자가 진짜 사랑, 건강한 사랑을 하기란 불가능하다.

인간은 그 어떤 경우에도 타인의 도구나 수단이 될 수 없고 되어서도 안 된다. 그러나 이기적 사랑은 상대를 자기의 욕망이나 이익을 위해 도구화, 수단화하는 사랑이기 때문에 필연적으로 그의 존엄을 짓밟게 된다. 이기적 사랑은 상대가 인간이라서 사랑하는 게 아니라 그를 이용하려고 사랑하는 것이고, 그가 유용한 도구라서 사랑하는 것이다. 한마디로 인간을 수단화하는 도구적 사랑 혹은 도구로서의 인간에 대한 사랑이다.

이런 사랑은 사랑을 하는 당사자가 의식하든 못하든, 상대를 자신의 욕망이나 이익을 실현하기 위한 도구로 삼는다. 따라서 이기적 사랑의 대상은 인간 존엄성이 짓밟히는 데서 비롯되는 모욕감, 수치감 등에 시달리며 그 결과 인간성이 파괴되고 정신건강이 악화된다. 이것은 이기적 사랑이야말로 인간을 파괴하는 죽음의 키스임을 의미한다.

인간을 도구처럼 사용한다는 것

상품에 대한 사랑이 그 대상이 상품으로서의 가치를 상실하면 식어버리는 것과 마찬가지로, 이기적 사랑은 사랑의 대상이 도구로서의 쓸모를 상실하면 식어버린다. 상품에 대한 사랑과 이기적 사랑은 변덕스럽다는 점에서 공통점을 가진다. 그러나 이기적인 사랑이 상품에 대한 사랑에 비해 훨씬 더 주관적이며 변덕스럽다.

상품의 가치는 기본적으로 객관적이고 그리 쉽게 변하지 않는다. 성능이 우수한 스마트폰은 설사 그것이 싫어져서 장터에 내놓아 처분한다고 해도 꽤 비싼 가격으로 판매할 수 있다. 내 주관적 심리와 관계없이 그 스마트폰이 객관적으로 높은 가치를 가지고 있어서다. 이렇게 상품의 가치는 일반적으로 그 상품에 객관적으로 내재한 특성에 의존한다. 이를 사람에 적용해보면, 돈을 잘 버는 남성과 결혼한 여성에게 남편의 상품으로서의 가치는 실업자가 되기 전까지는 거의 변하지 않는다고 말할 수 있다.

상품의 가치와는 달리 자신의 욕망이나 이익을 충족해주는 도구로서의 가치는 주관적인 성격이 강하고 쉽게 변하는 경향이 있다. 이를 잘 보여주는 대표적인 사례가 바로 바람둥이나 색마의 도구적 사랑이다. 비록 가짜 사랑일지라도 〈카르멘〉의 돈 호세나 《오셀로》의 오셀로는 각각 카르멘과 데스데모나에 대한 사랑이 일관되었다. 그녀들의 상품으로서의 가치는 기본적으로 두 사람에게 내재된 특성에 의존했기에 그 가치가 거의 변하지 않았기 때문이다. 카르멘은 유혹적인 미인이었고 데스데모나는 명문가의 예쁜 귀족 여성이어서 그녀들의 상품으로서의 가치는 돈 호세나 오셀로의 주관적 욕망에 따라 변동하지 않는다는 뜻이다.

반면에 바람둥이는 마음에 드는 어떤 이성을 손에 넣기 전까지는 사랑에 불타올라 온갖 낯뜨거운 고백과 감언이설을 늘어놓으면서 지극정성을 다한다. 그렇지만 그 이성을 소유하고 나면 언제 그랬냐는 듯이 금방 사랑이 식어버려 다른 이성의 뒤꽁무니를 졸졸 따라다닌다. 바람둥이의 표적이 되는 이성의 도구로서의 가치는 기본적으로 바람둥이의 주관적 욕망에 의존하기 때문이다.

바람둥이에게 가장 중요한 욕망 중의 하나는 새로운 이성을 정복하면서 체험하는 정복의 욕망, 성취의 욕망, 자존의 욕망 등이다. 통속적으로 말하면 바람둥이는 새로운 이성을 정복해서 상대가 자기를 사랑하게 되면 "이것 봐, 나는 이렇게 여자들한테 인기가 많은 멋진 능력남이야. 하하하! 부럽지?"라고 외쳐대기 좋아하는 인간이다. 바람둥이의 표적이 된 이성들은 정복되기 전까지는 그의 욕망을 끓어오르게 만드는 도구로서의 가치를 가지지만, 일단 바람둥이에게 넘어가면 그 즉시 도구로서의 가치를 상실한다. 이는 상품으로서의 인간에 대한 사랑이 기본적으로 상대의존적 혹은 상대중심적인 반면 도구로서의 인간에 대한 사랑은 자기의존적 혹은 자기중심적임을 보여준다.

인간을 도구, 수단으로서 사랑하는 도구적인 사랑은 자신의 욕망이 변하는 데 따라 급격하게 요동치며 때로는 자신의 욕망이 충족되는 순간 단숨에 사라지기도 한다. 이런 점에서 자신의 욕망을 충족하기 위해 타인을 도구화, 수단화하는 이기적인 사랑이야말로 가장 혼란스럽고 변덕스러운 사랑이다. 이기적 사랑, 도구적 사랑은 상대를 고통스럽게 만들고 인간관계를 악화하는 계산적인 사랑이 초래하는 폐해를 훨씬 넘어서서, 상대에게 실질적이고 심각한 피해를 주는 반사회적이고도 반인간적인 가짜 사랑이다.

아동기에서 졸업하지 못한 어른들

아동의 사랑에서 기본은 사랑받기다. 반면에 성인의 사랑에서 기본은 사랑하기 혹은 사랑주기다. 즉 아동기까지는 사랑받기가 중요하지만 청소년기 이후부터는 사랑하기가 더 중요하다는 의미다. 이런 점에서 사랑받기를 '아동기적 사랑'으로, 사랑하기를 '성인기적 사랑'으로 부를 수 있다.

그런데 이런 말을 하면 어떤 사람들은 "그러면 성인한테는 사랑받기가 필요하지 않다는 것이냐?" "성인은 사랑을 받지는 못하고 주기만 하다가 죽어야 하냐?"라고 항의하거나 화를 내기도 한다. 그러나 이는 성인이 사랑을 받을 필요가 없다거나 절대로 받아서는 안 된다고 말하는 게 아니다. 단지 성인에게 사랑받기는 부수적이고 부차적일 뿐이라는 말이다. 에리히 프롬은 다음과 같이 말했다.

어린애의 사랑은 '나는 사랑받기 때문에 사랑한다'는 원칙에 따르고 있고 성숙한 사람은 '나는 사랑하기 때문에 사랑받는다'는 원칙에 따르고 있다.[9]

아동기의 사랑에서 기본이 사랑받기인 까닭은 무엇보다 아이에게는 사랑을 하는 능력이 부족하기 때문이다. 아이들은 사랑이 무엇인지조차 잘 알지 못한다. 가수 존 레논John Lennon 의 〈Love〉라는 노래 가사 중 일부인 "사랑은 느낌이야(Love is feeling)"의 의미를 이해하려면 더 커서 어른이 되어야 한다. 즉 사회적 존재로서의 인간의 능력을 원만히 갖춘 후에야 사랑이 가능하다는 뜻이다. 아이가 이런 능력을 갖추려면 부모와 어른들로부터 건강한 사랑, 진짜 사랑을 충분히 받아야 한다.

자식을 사랑하는 부모는 자식의 마음을 잘 헤아려 적절한 반응을 해주고 필요한 것을 제공하며, 자식을 보호하고 지지해준다. 이런 사랑을 하기 위해서는 타인의 마음을 파악하고 언어적, 감정적 반응을 해줄 수 있는 능력, 상황을 정확하게 판단할 수 있는 지적인 능력, 실질적인 도움을 제공해줄 수 있는 힘이나 자원 등이 필요하다. 아이는 태어난 이후 이런 부모나 어른들로부터 사랑을 받으며 '아, 이런 것이 바로 사랑이구나'라는 느낌과 경험을 축적하는 과정에서 사랑이 무엇인지를 깨닫는다. 이런 이유 때문에 아이는 사랑을 하고 싶어도 할 수가 없으며, 어릴 때에는 사랑을 하는 것보다 받는 게 훨씬 더 중요하다라고 말하는 것이다.

사랑할 수 있는 능력을 갖춘 사회적 존재가 된 성인에게는 사랑하기가 훨씬 더 중요해진다. 사랑받기, 특히 양육자로부터 무조건적인 사랑을 받으려는 것은 아동기의 욕망이다. 원칙적으로 이런 아동기적 욕망은 어린 시절에 원만하게 충족되면 이후에는 그 중요성을 상실한다. 인간은 세상에 태어났을 때 최우선적으로 안전의 욕망부터 충족하려고 한다. 생후 몇 년 동안 어머니(주양육자)가 정성스럽게 돌봐주면 이 안전에 대한 욕망은 원만하게 충족된다. 그러고 나면 그 이후의 발달 단계에서는 그 중요성을 거의 상실한다. 이미 초등학교를 졸업한 아이가 나중에 다시 초등학교에 입학할 필요가 없는 것처럼, 안전에 대한 욕망에서 이미 졸업한 아이는 이후 이 욕망을 충족하는 일이 별 의미가 없다.

그러나 만약 어렸을 때 중요한 아동기적 욕망이 충족되지 않으면 성인이 되어서까지 그 욕망을 충족하는 데에 매달리거나 집착하게 된다. 말하자면 아동기적 욕망에서 졸업하지 못하는 만년 초등학생이 되는 건데, 이것이야말로 성인들을 괴롭히는 마음의 상처 혹은 정신장애의 기본 원인이다. 예를 들면 연산군은 어렸을 때 안전에 대한 욕망을 충족하지 못해서 어른이 되어서까지 세상을 두려워하고 사람을 믿지 못했으며, 이 욕망을 채우기 위해 부하들에게 궁궐의 비밀을 엄수하도록 강요하는 등의 비정상적인 행동을 했다.

원래 성인은 사랑을 해야 만족하고 행복해하는 존재이지 사랑을 받아야 만족하고 행복해하는 존재가 아니다. 예전의 가난했던 시절에 어머니들은 잔칫집에 가는 일이 있으면 자기한테 차례진 음식을 먹지 않고는 보자기에 싸서 집으로 가져가곤 했다. 비록 자신은 굶더라도 자식을 배불리 먹이기를 바랐기 때문이다. 집으로 돌아와 보자기의 음식을 자식들에게 먹이면서 어머니는 자신의 배고픈 고통은 아랑곳하지 않고 아이들이 음식을 맛있게 먹는 모습을 지켜보며 몹시 흐뭇해했다. 이 어머니는 사랑을 받을 때가 아니라 할 때 더 행복한 성인이기 때문이다. 만일 어떤 어머니가 자식의 음식을 빼앗아 먹으면서 흡족해한다면 어머니의 탈을 쓴 아이라고 해야 할 터이다. 이와 마찬가지로 사랑을 할 때가 아니라 사랑을 받을 때 더 행복해한다면 그런 성인은 몸만 성인이지 정신은 아이라고 봐야 한다. 에리히 프롬은 사회적 존재로서의 인간이 가지고 있는 중요한 능력 중의 하나로 '생산적인 성격'을 강조하면서, 성인은 사랑을 할 때 행복할 수 있다고 말했다.

생산적인 성격의 경우, 주는 것은 전혀 다른 의미를 갖는다. 주는 것은 잠재적 능력의 최고의 표현이다. 준다고 하는 행위 자체에서 나는 나의 힘, 나의 부, 나의 능력을 경험한다. … 준다고 하는 행위에는 나의 활동성이 포함되어 있기 때문에, 주는 것은 받는 것보다 더 즐겁다.[10]

훌륭한 축구선수는 축구를 구경할 때 행복한 게 아니라 축구를 할 때 행복하다. 뛰어난 예술가는 예술작품을 구입할 때 행복한 게 아니라 작품을 창작할 때 행복하다. 이와 마찬가지로 사랑을 할 수 있는 능력을 가진 성인은 사랑을 받을 때가 아니라 할 때 행복하다. 사회가 건강하면 대부분 부모는 자식을 참사랑으로 키울 것이다. 부모의 사랑을 충분히 받은 아이들은 건강한 어른으로 성장하여 서로를 사랑하면서 행복하게 살아간다. 이런 건강한 사회에서는 사랑이 문제되는 일이 거의 없을 것이다. 반면에 사회가 병들면 대부분의 부모들은 자식들을 건강하게 사랑하지 못한다. 부모의 사랑을 제대로 받지 못한 아이들은 상처 입은 어른으로 성장하여 사랑을 하기보다는 사랑을 받으려는 아동기적 사랑을 하면서 불행하게 살아가게 될 것이다.

줄 때 행복해야 성숙한 사랑이다

사랑받기에 목을 매는 아동기적 사랑에서 졸업하지 못한 성인은 진짜 사랑을 하지 못한다. 성인이 아동기적 사랑, 즉 가짜 사랑을 할 때 생기는 문제점은 다음과 같다.

첫째, 사랑을 통제할 수 없게 된다. 아동기적 사랑, 즉 사랑받기에 집착하는 사랑은 수동적 사랑이다. 즉 타인이 나를 사랑해주어야만 비로소 가능한 사랑이다. 성인은 아이와 다르다. 아이는 아무런 노력을 하지 않아도 부모의 사랑을 받을 수 있다. 부모는 아이를 그 존재만으로 사랑해주기 때문이다. 그러나 성인은 뭔가 노력을 해야만 사랑을 받을 수 있다. 아동기적 사랑을 하는 성인들도 그 정도는 알고 있다. 그렇기 때문에 아동기적 사랑을 하는 성인은 타인의 사랑을 받기 위해 부자가 되려고 하거나 외모를 가꾸는 등으로 열심히 노력한다.

하지만 아무리 노력하더라도 상대가 자기를 사랑해주지 않으면 아무 소용이 없다. 이것은 사랑받기에 집중하는 아동기적 사랑을 하면 자신이 사랑을 통제할 수 없게 된다는 의미이다. 아동기적 사랑에서 사랑에 대한 통제권은 타인이 쥐고 있기 때문에, 그런 사랑을 하는 성인은 평생 동안 타인에게 사랑을 구걸하는 수동적 인생을 살게 된다. 사랑받기와는 달리 사랑하기는 전적으로 자신이 좌우할 수 있다. 누군가를 사랑하거나 사랑하지 않는 것은 자신이 결심하고 실천하는 데 달려있다. 이는 정상적인 성인의 사랑을 해야만 사랑에 대한 통제권을 가지고 주체적으로 살 수 있음을 의미한다.

둘째, 성인이 아동기적 사랑을 하면 상대에게 피해를 주고 궁극적으로는 관계가 악화된다. 다국적 연구진이 5천여 명의 미국인을 대상으로 관계를 악화하는 요인에 대해 물어본 설문조사 결과에 따르면 '지나치게 애정에 굶주린 상대'가 3위를 차지했다.[11] 아동기적 사랑을 하는 사람은 속된 말로 애정 결핍증 환자다. 성인이 되어서까지 사랑받기에서 졸업하지 못하는 이유는 어렸을 때 사랑을 제대로 받지 못해 여전히 사랑에 굶주려 있기 때문이다. 이런 사람을 심하게 표현하면 사랑의 흡혈귀라고도 할 만하다. 흡혈귀는 상대의 피를 빨아먹어서 결국에는 상대를 죽게 만든다. 마찬가지로 사랑의 흡혈귀는 탐욕스럽게 상대의 사랑을 빨아먹기 때문에 상대를 지치게 만들고 정신건강을 파괴하며, 궁극적으로 상대의 발전과 성장을 방해한다.

셋째, 성인이 아동기적 사랑을 하면 행복하게 살 수 없다. 반복해서 강조하지만 아이는 사랑을 받아야 행복할 수 있으나 어른은 사랑을 해야 행복할 수 있다. 성인에게 행복은 사랑을 하면서 살아갈 때 가능하다. 그런데 아동기적 사랑을 하는 성인은 사랑받기에만 올인하기 때문에 사랑을 하지 못한다. 그 결과 그는 사랑하기가 주는 참다운 행복의 맛을 보지 못한 채 불행한 인생을 살아가게 된다. 아동기적 사랑을 하는 사람은 절대로 사랑받기를 포기할 수 없다고 절규하며 누군가가 자기를 충분히 사랑해주기만 하면, 즉 사랑받기에 성공하기만 하면 행복해질 거라고 믿는다. 그러나 어렸을 때 충족되지 못한 아동기적 사랑받기에 대한 욕망이 성인기에 충족될 가능성은 없다. 아동기에 충족되지 못한 욕망을 성인기에 충족하려고 하는 시도는 '밑 빠진 독에 물 붓기'일 뿐이다. 배를 곯았던 어린 시절을 보냈다고 해서 성인이 된 후에 매일 밥을 열 그릇씩 먹는 것이 건강에 전혀 도움이 되지 않듯이, 아동기적 욕망이 충족되지 않았다고 해서 그것을 성인기에 충족하려는 것은 현실적으로 불가능할 뿐만 아니라 정신건강이나 성장에도 하등 도움이 되지 않는다.

아동기적 욕망은 말 그대로 아동기에 충족되어야 몸과 마음에 도움이 된다. 어렸을 때 안전에 대한 욕망이 좌절되었다고 해서 어른이 된 후에 하루 종일 방탄조끼를 입고 살며, 열심히 돈을 벌어 경호원을 고용하고, 집에 보안장치를 주렁주렁 단다고 그 욕망이 충족되지는 않는다. 아동기적 욕망의 좌절은 그것이 초래한 부작용 혹은 마음의 상처를 치유해야 해결할 수 있고 그래야만 그 욕망에서 졸업하여 성숙한 어른이 될 수 있다. 만일 아동기적 욕망이 성인기에 충족될 수 있고 그렇게 하는 것이 도움이 된다면 그것을 아동기적 욕망이라고 하지 않을 것이고, 그것에 묶여있는 상태를 마음의 상처라고 부르지도 않을 것이다. 아동기적 욕망은 성인기에는 충족될 수 없으며, 설사 충족된다 하더라도 별 도움이 되지 않는다. 이것은 성인이 아동기적 사랑을 하면 정신건강이 나빠지고 행복해질 수도 없다는 의미다.

사랑의 욕망은 온갖 욕망이 뿌리를 내리고 자라나는 토양이다. 즉, 온갖 욕망들이 사랑의 욕망에 뿌리를 두고 자라난다는 것이다. 사랑받기의 욕망은 과도하게 인정받고 존중받으려는 욕망, 과도하게 인기나 명예를 바라는 욕망, 과도하게 과시하는 욕망, 심지어는 과도하게 돈을 벌려는 욕망 같은 온갖 불건전한 욕망들이 뿌리를 내리고 자라나는 토양으로 작용한다. 따라서 사랑받기의 욕망에서 졸업한다는 것은 거기서 자라난 온갖 불건전한 욕망에서 해방된다는 걸 의미한다.

4장

사람들은 왜
가짜 사랑에 속는가?

주류 심리학이 숨기는 진짜 문제

왜 사람들은 가짜 사랑을 할까? 미국의 주류 심리학은 대체로 사랑을 방해하는 주요한 원인을 개인에게서 찾는다. 이를테면 어린 시절에 부모한테 사랑을 못 받아 마음의 상처나 정신장애가 생기는데, 그것 때문에 건강한 사랑을 못 한다는 식이다. 그러나 집단적, 사회적 문제의 원인을 부모의 양육이나 개인 심리에서 찾는 것은 비과학적 견해이다. 나아가 그것은 진정한 원인을 은폐하고 호도하여 사람들이 사회개혁으로 나아가는 일을 방해하는 반개혁적인 견해이기도 하다. 주류 심리학은 사람들이 사회를 개혁하여 문제를 근본적으로 해결하려고 하기보다는 심리상담이나 자기계발 같은 미봉책에 매달리게 만든다.

오늘날 미국의 모습은 사랑에서의 실패, 자존감 추락, 나날이 심해지는 불행, 무차별적인 살인사건 같은 인간증오 범죄 등을 심리상담이나 심리치료를 통해서는 해결할 수 없다는 것을 명확하게 증명해준다. 미국은 심리치료 분야의 종주국이자 최선진국이다. 한국의 대다수 심리상담가들이 미국에서 계발된 이론들을 수입하여 사용하고 있는 것만 보더라도 알 수 있다. 미국은 수많은 심리치료 이론을 생산하여 대중들에게 널리 퍼뜨려왔고 그것에 기초하여 세계에서 가장 긴 시간 동안 가장 많은 사람을 상대로 심리치료를 해왔다. 그렇다면 미국인의 정신건강은 세계 최고 수준에 도달했을까? 미국에서는 총기살인 사건이 사라졌을까?

현실은 전혀 그렇지 않다. 미국인의 정신건강은 세계 최하위 수준에 머물고 있으며 미국에서의 총기살인 사건은 가파른 속도로 증가하고 있다. 앞에서 한 번 언급했던 미국 질병통제예방센터^{CDC}의 2022년 보고서에 따르면 2020년에 미국에서 총기 관련 사고로 사망한 사람은 무려 4만 3,595명이다. 이 숫자는 베트남 전쟁의 사망자 수에 버금간다. 2020년에 발생한 총기 이용 살인사건은 1만 9,350건으로 2019년에 비해 34.6퍼센트나 급증했다. 이 수치는 심리상담이나 심리치료로는 신자유주의적 자본주의 사회를 파멸로 이끌어가고 있는 심각한 문제들을 해결할 수 없으며, 그런 문제들의 진정한 원인이 개인 심리에 있지도 않다는 점을 의미한다.

사랑의 문제도 마찬가지다. 오늘날 사람들이 사랑에서 실패하는 이유, 가짜 사랑을 하는 근본 원인은 개인이 아니라 사회에 있다. 좀 더 구체적으로 말하자면 병적인 사회가 사람들의 삶과 정신건강을 파괴하기에 사람들이 가짜 사랑을 하는 것이다. 사회는 가짜 사랑을 강요하는 주범이다. 가짜 사랑을 강요하는 사회의 영향력 중에서 중요한 것만 살펴보면 다음과 같다.

고립이 공포를 확산한다

여러 차례 반복해서 강조했듯이, 신자유주의적 자본주의가 사람들에게 미친 가장 큰 악영향은 고립적 생존 불안을 극대화했다는 것이다. 이런 얘기를 하면 어떤 사람들은 생존 불안은 과거에 더 심하지 않았냐고 반문하기도 한다. 예전에는 보릿고개가 있었을 정도로 가난했지만 지금은 GDP가 세계 10위권인 경제부국인데 왜 생존 불안 타령이냐는 말이다. 그러나 이는 생존 불안 수준이 공동체 혹은 관계의 질에 의해 크게 달라진다는 사실을 모르고 하는 소리다.

시골에서 도시로 상경하여 직장을 다니던 어떤 청년이 회사에서 해고당해 실업자가 되었다고 해보자. 이 청년이 고향의 시골집으로 내려갔을 때, 부모라면 그를 따뜻하게 맞이해주고 격려해줄 법하다. 고향의 친구들도 그를 환대하고 정서적 지지를 보탠다. 가족과 친구들의 환대와 격려에 힘입어 청년은 기운을 차리고 다시 도시로 올라와 구직활동을 할 수도 있겠다. 이러면 적어도 생존 불안을 홀로 고립되어 겪지는 않을 터다.

반면에 해고당한 청년이 고향의 시골집으로 내려가 실업자가 되었다고 말하는데, 부모님이 실망하면서 한숨을 내쉬면 어떨까? 이제 고향에는 친구들도 없을뿐더러, 친구들을 만나더라도 위로와 격려는 커녕 또 백수가 되었다고 조롱이나 당한다면? 고향에서조차 누구로부터도 지지를 받을 수 없는 청년은 홀로 생존 공포에 짓눌려 허우적거릴 것이다.

예전에는 한국 사회에 그 이름조차 없었던 청년 고독사가 증가하고 있는 까닭은 오늘날의 청년들이 과거와는 달리 고립적 생존 공포를 겪고 있어서다. 과거의 생존 불안은 공동체 사람들과 함께 겪던 모두의 불안이었지만, 오늘날의 생존 불안은 나 홀로 겪는 혼자만의 끔찍한 불안이다. 공동체 사람들과 함께라면 개인은 생존 공포를 이겨낼 수 있다. 그러나 고립적 생존 공포를 이겨낼 수 있는 사람은 거의 없다.

1990년대 이후 한국이 신자유주의적 자본주의 사회로 변화함에 따라 한국인들은 집단 간 경쟁이 아닌 개인 간 경쟁을 하게 되었다. 드라마 〈오징어 게임〉에 빗대어 말하자면 팀별로 경쟁하는 줄다리기 시합이 아닌 개인별 구슬치기 시합을 하게 된 셈이다. 승자독식의 원리에 기초한 개인 간 경쟁으로 인해 모든 공동체가 붕괴했고 한국인들은 모두 개인으로 파편화되었다. 극심한 생존 불안에 직면한 한국인들은 그것에 굴복하지 않을 수 없었다. 그 결과 한국인들은 모두

다 자기의 밥그릇을 챙기는 데 급급한 생계형 인간으로 전락했고 이들의 시야는 개인이라는 울타리 안으로 좁아졌다.

이런 사회에서는 사람들이 제아무리 사랑을 하고 싶어도 사랑을 할 수가 없다. 공동체가 붕괴하여 사랑의 대상을 발견하기조차 힘들어진 게 가장 큰 이유다. 홀로 고립된 채 생존 위기라는 맹수에게 쫓기는 사람들이 사랑을 할 수 있는 마음의 여유를 가지기란 정말 힘들다. 오늘날 한국인에게 타인이란 더불어 같이 살아가는 동료나 이웃이 아닌 상품 교환의 대상이자 경쟁에서의 승리를 위해 이용해야 할 도구일 뿐이다. 모두가 각자도생하는 개인이기주의자가 되면서 한국인들의 사랑은 이기적인 사랑, 가짜 사랑으로 변질되었다.

학대 도미노 사회의 심각한 존중 불안

과거의 한국 사회가 주로 계급 간 불평등이 심한 사회였다면, 오늘날 한국 사회는 더 심화된 계급 간 불평등에 개인 간 불평등까지 더해진 다층적 위계 사회로 변질되었다.[12] 마치 고층 아파트 같은 위계 피라미드에 따라 사람들이 서열화되자 위로부터 아래로 학대가 연쇄적으로 내려오는 학대 도미노 현상이 심해졌고, 사람들은 학대와 무시로 몸살을 앓게 되었다.

학대 도미노 현상이란 갑에게 갑질을 당한 을이 병에게 을질을 하고, 을질을 당한 병이 정에게 병질을 하는 식으로 위계 피라미드의 위쪽에서 시작된 학대가 아래쪽을 향해 도미노처럼 파급되는 현상이다.

자기보다 서열이 높은 사람한테 학대를 당해 마음에 상처가 생기더라도 동료 공동체 안에서 그 상처를 치유할 수도 있다. 예를 들면 직장 상사한테 갑질을 당한 직장인이 퇴근 후 술자리에서 직장동료에게 괴로운 속마음을 털어놓으며 스트레스를 풀고 동료들로부터 공감과 위로, 지지를 받음으로써 마음의 상처를 치유하는 것이다. 만약 술자리에서 동료들과 함께 직장 상사를 성토하는 정도론 해결될 수 없는 심각한 사건이 일어날 경우에는 동료들과 함께 집단행동에 나서거나 노동조합을 결성하여 마음속의 분노를 건강한 사회개혁의 에너지로 표출할 수도 있었다.

그러나 이처럼 마음의 상처를 동료들 속에서 치유하는 일은 직장 내에 공동체가 존재할 때, 동료들 사이의 관계가 양호할 때에만 가능하다. 직장 공동체가 붕괴하고 동료들 사이의 관계가 좋지 않다면 학대를 당한 사람의 분노나 마음의 상처는 해소될 수도, 치유될 수도 없다. 그 결과 사람들은 자기보다 약한 대상을 찾아 학대함으로써 엉뚱한 사람한테 분풀이하게 된다. 이것은 학대 도미노가 공동체의 붕괴, 개인 간 경쟁으로 인한 인간관계의 악화에서 비롯한 현상임을 보여준다.

한국 사회에는 갑질 같은 노골적인 학대의 도미노만 있는 게 아니라 은밀한 학대의 도미노도 존재한다. 잘 나가는 어떤 사람이 친구한테 고급 외제차를 산 것을 은근히 과시했다고 해보자. 설사 말로 명확하게 과시하지 않는다고 해도 그 무언의 과시 행동 이면에는 다음과 같은 메시지가 숨어 있다. "나, 이런 외제차를 살만큼 잘 나가고 있어. 부럽지?" 이런 메시지만 숨어 있으면 그나마 낫다. 그러나 과시 행동은 과시의 대상이 되는 사람에게 다음과 같은 메시지를 전달한다. "너는 돈이 없어서 이런 고급 외제차 못 사지? 너는 내 아래에 있어. 알아서 머리를 숙이도록 해."

고급 외제차를 샀다고 자랑하는 사람이 자기보다 더 돈이 많은 사람을 향해 과시를 할 리는 없다. 그는 자기보다 가난한 사람, 자기보다 서열이 낮다고 판단하는 사람한테 과시 행동을 한다. 그렇기 때문에 과시의 대상이 된 사람은 상대로부터 무시당하고 경멸당한다는 느낌, 뒤집어 말하면 인간으로서 존중받지 못한다는 것에서 비롯한 공포를 느끼게 된다. 이것이 바로 존중 불안이다.

과시의 대상이 된 사람은 무척 기분이 나쁘고 화가 나기 마련이지만 과시를 한 사람한테 대놓고 따지기가 힘들다. "너, 지금 외제차 샀다고 나한테 자랑하는 거야?" 이렇게 항의했을 때 상대가 "어? 나는 전혀 그런 의도가 없었는데. 너 열등감이 심하구나."라고 대답하면 자기만 바보가 되고 더 비참해지기 때문이다. 게다가 한국 같은 사회에서는 자기보다 잘 나가는 사람, 자기보다 서열이 높은 사람과는 원수지간이 되기보다는 원만하게 지내는 게 더 이익이다. 그래서 사람들은 누군가로부터 무시를 당하더라도 아주 노골적이거나 심각하지 않으면, 즉 어지간하면 참고 넘어간다. 예를 들면 동창생 모임에서 잘난체하며 자기를 깔보는 듯한 말과 행동을 하는 동창생 때문에 심기가 뒤틀리더라도 억지웃음을 지으며 참는 것이다.

그러나 과시의 대상으로 전락하여 상대한테 무시당하는 경험이 초래하는 고통과 분노가 사라질 리는 없다. 무시를 당한 사람은 이 고통과 분노를 자기보다 서열이 낮은 사람한테 과시하는 것으로 분풀이한다. 그 결과 사회에는 고급 외제차를 타는 사람이 국산 대형차를 타는 사람에게 과시를 하면, 대형차를 타는 사람은 중형차를 타는 사람한테 과시하고, 중형차를 타는 사람은 소형차를 타는 사람에게 과시하는 식으로 과시-무시로 이어지는 학대 도미노가 만연한다.

은밀한 학대 도미노가 사회에 널리 퍼지면 사람들은 개인 간의 인간관계 속에서 일상적으로 학대를 당하게 된다. 계급 간 불평등만 있는 사회라면 사람들은 보통 사람들 간의 관계에서는 학대를 당하지 않는다. 예를 들면 조선 시대의 농민들은 지주한테 간헐적으로 혹은 꽤 빈번하게 학대를 당했겠지만, 다른 농민들과의 관계에서 학대는 심각하지 않았다. 당시에 절대다수를 차지하던 다른 농민들과의 관계에서 존중받지 못할까 봐 걱정할 정도는 아니었기에 지주한테 당하는 학대만 신경 쓰며 살면 그만이었다.

그러나 학대 도미노 현상이 심각하고 개인 간 인간관계가 최악인 오늘날의 사람들은 명목상의 평등에도 불구하고 보통 사람들과의 관계에서 일상적으로 학대나 무시를 경험하기에 그들로부터 존중받지 못할까 봐 노심초사한다. 사람들이 존중 불안을 일상적으로 느끼게 되고 그것을 회피하기가 거의 불가능해짐에 따라 존중 불안은 극단적으로 심해진다.

서열 다툼은 어떻게 사랑을 왜곡하는가?

다층적 위계 사회에는 층을 따라서 아래로 내려오는 학대 도미노 현상만 있는 게 아니다. 같은 층에 속하는 사람들도 서로에게 과시하고 또 무시 당하는 싸움을 벌인다. 개인 간 경쟁 사회에서, 같은 층 사람들이란 한배를 탄 공동체 구성원이 아니라 서열 상승을 위해 짓밟아야만 할 경쟁자다. 이 때문에 현대 한국 사회에서는 서로를 향해 "내가 더 잘났어. 내가 더 높은 서열이야!"라고 외쳐대는 난장판이 벌어지고 있다.

오늘날 한국인이 추구하고 있는 거의 유일한 쾌감은 내가 남들보다 잘났다는 느낌에 기초한 우월적 쾌감 혹은 과시적 쾌감인 듯하다. 사람들 상당수는 이런 쾌감을 맹렬하게 추구하는 반면 다른 기쁨이나 즐거움은 거의 알지 못한 채 살아간다. 그러나 과시적 쾌감은 병적인 쾌감이다. 내가 남들보다 잘났다는 우월주의는 타인들을 열등한 존재, 즉 아래 서열의 못난 존재로 간주하여 차별하고 무시하는, 인간의 존엄성을 짓밟는 학대행위일 수밖에 없기 때문이다. 이는 연쇄살인범이 사람을 죽일 때 느끼는 병적인 쾌감, 학교 폭력 가해자가 친구를 괴롭힐 때 느끼는 병적인 쾌감과 크게 다르지 않다. 요즘 한국인들이 추구하는 거의 유일한 쾌감이 병적인 쾌감이라는 사실은 한국 사회가 얼마나 병들었는지를 잘 보여준다.

서열을 둘러싼 치열한 개인 간 경쟁은 한국인들을 서열 동물이 되도록 강요한다. 많은 사람이 자신보다 서열 높은 개 앞에서는 꼬리를 내리고 살살 기지만 서열 낮은 개 앞에서는 이빨을 드러내며 으르렁거리는 동물이 되어버렸다. 누군가를 만나면 거의 본능적으로 서열을 정하려고 하고 정해진 서열에 따라 처신을 달리하며, 위쪽 서열을 차지하기 위해서 치열한 기 싸움을 벌인다.

서열을 둘러싼 경쟁과 다툼은 인간관계, 특히 남녀 간의 관계에 큰 영향을 미치며 사랑을 왜곡한다. 연애를 하는 사람 중에는 자신이 상대를 더 사랑할까 봐 걱정하는 이들이 있다. 물론 이는 앞에서 언급한, 등가교환을 하지 못해서 손해를 볼까 염려하는 심리와 관련이 있는 경우가 많다. 그러나 자신이 상대를 더 사랑하는 것을 걱정하는 또 다른 이유 중의 하나는 권력을 잃을까 봐, 즉 상대와의 서열 싸움에서 패배해 자신이 낮은 서열로 전락할지도 모른다는 두려움 때문이다. 인간관계에서 누군가가 더 큰 권력을 행사한다는 것은 그의 서열이 더 높다는 것을 의미한다.

에바 일루즈는 자신이 상대보다 더 사랑하는 게 아닐까 두려워하는 마음이 관계에서 자기 서열(지위)을 확보하고 싶어 하는 것과 관련이 있다고 주장했다. 그녀에 따르면 사람들은 '감정 권력^{emotional} ^{domination}'을 가지고 싶어하기 때문에 상대를 사랑은 하되 주도권은 잃고 싶지 않은 모순이 생겨난다.[13] 같은 맥락에서 르완도스키는 상대에게 관심이 적은 사람이 더 큰 권력을 휘두를 수 있다면서 이를 '최소 관심 원칙'이라고 불렀다. 그는 관계를 덜 필요로 하거나 덜 염려하는 사람, 즉 관계에 대한 요구나 절박함이 낮은 사람이 관계에서 더 큰 영향력을 가지고 더 많은 결정을 내리며 말다툼에서 이기고 관계를 통제하게 된다고 말했다.[14] 한마디로 상대가 자신을 사랑하는 것에 비해 자신이 상대를 덜 사랑해야 더 큰 권력, 더 높은 서열을 차지할 수 있다는 뜻이다.

연인 간의 서열 다툼은 정신적 고통과 관계 악화를 초래함으로써 가짜 사랑을 강요한다. 한 여성은 권력 게임, 서열 다툼의 고통을 다음과 같이 토로했다.

관계에서 저를 힘들게 하는 것은 바로 이 모든 권력 게임이에요. 내가 먼저 그에게 전화를 해야 할까, 하지 않는 게 좋을까? 그가 너무 좋다는 걸 알려줄까, 아니면 무심한 척 연기할까? 남자는 쉽게 가질 수 없는 여자에게 매력을 느끼지 않나? 이런 물음들이 저를 미치게 해요.[15]

오늘날의 사람들은 상대보다 서열이 낮아지는 것을 몹시 두려워한다. 이런 심리는 이성 간의 관계에서 연인들이 서로 사랑을 하면서도 치열한 권력다툼, 서열 다툼을 벌이는 것으로 표현된다. 다층적 위계 사회에서는 개인들 간의 권력다툼, 서열 다툼이 가족 관계를 비롯한 모든 인간관계에서 보편적으로 발생한다. 이런 개인 간 다툼은 사람들의 존중 불안 수준을 극단적으로 끌어올리는 주범이다.

정신건강은 사회의 규칙에 좌우된다

사회가 인간심리와 정신건강에 미치는 거대하고 결정적인 역할은 아무리 강조해도 지나치지 않을 것이다. 사실 게임의 규칙만 달라져도 그것에 인간심리가 즉각적으로 반응하거나 금방 변화하는 경우가 많다.

내가 고등학교를 다니던 때의 일이다. 당시에 지각생을 단속하던 선생님은 지각생들을 모아놓고는 운동장을 단체로 열 바퀴 달리고 나서 교실로 들어가는 벌을 주셨다. 이런 벌을 받을 때만 해도 지각생들은 서로 농담까지 주고받으면서 사이좋게 운동장을 뛰곤 했다. 그러던 어느 날 선생님은 단속에 걸린 지각생들을 운동장 반대편에 있는 농구 골대까지 뛰어갔다 오게 한 다음 선착순으로 2등까지만 교실로 들어가고 나머지는 또다시 달려야 하는 방식으로 벌칙을 바꾸셨다. 개인 간 경쟁 방식으로 벌칙이 바뀌자 지각생들은 마음의 여유를 잃어 친구들을 거의 배려하지 않았고, 자신이 2등 안에 들기 위해 사력을 다해 달리기 시작했다. 그 과정에서 이기기 위해 은근슬쩍 반칙하는 학생들까지 생겨났다.

이 사례가 보여주듯 사회—일반적으로 게임의 규칙은 그 사회를 지배하는 독점자본가 같은 지배층이 자기들에게 유리하게 정한다—가 정하는 부의 분배방식이나 인간관계를 맺는 방식, 게임의 규칙 등은 인간심리와 정신건강에 지대한 영향을 미친다. 신자유주의적 자본주의 사회는 권력과 부를 매우 불평등하게 분배함으로써 1대 99의 양극화 사회를 초래했고, 사람들에게 승자독식의 원리에 기초한 경쟁이라는 게임 규칙을 강요하여 인간관계를 파괴했다. 이런 사회에서 살아가는 사람들은 인간적이고 건전한 요구나 욕망을 실현할 수 없기에 전반적인 정신건강이 크게 악화된다. 부정적 심리와 정신건강 악화는 진짜 사랑을 불가능하게 만들고 가짜 사랑을 강제하는 주요한 원인 중 하나이다.

주류 심리학은 인간심리가 정상적으로 또 긍정적으로 발전하지 못하게 방해하는 주범으로 어린 시절의 경험을 꼽는다. 다시 말해 부모의 잘못이 제일 크다는 뜻이다. 부모의 양육 혹은 어린 시절이 심리에 미치는 영향이 대단히 크다는 것은 분명한 사실이다. 그렇다고 해서 심리적 왜곡이나 정신건강 악화의 주범이 부모 혹은 어린 시절이라고 단정지어서는 안 된다. 과거에 일본의 제국주의자들은 한국인을 가혹하게 탄압하고 착취하여 정신건강을 악화시켰다. 그러나 만일 이때 일본이 전면에 나서지 않고 친일파 앞잡이를 내세워서 한국인들을 괴롭혔다면, 한국인의 정신건강을 파괴한 주범이 일본 제국주의가 아니라 친일파였다고 말하는 게 타당할까?

에리히 프롬이 정당하게 지적했듯이, 부모는 '사회의 대리인'이다. 사회가 건강하면 부모도 건강하고 사회가 병들면 부모도 병든다. 한국인들의 심리를 나쁜 쪽으로 몰아가고 정신건강을 파괴하는 주범은 부모가 아닌 병든 한국 사회이다.

가짜 자존감, 가짜 사랑

오늘날 사람들을 정신적으로 힘들게 만드는 가장 중요한 문제 중 하나는 자존감 손상이다. 자존감은[16] 자신의 가치에 대한 평가에 기초해 스스로를 존중, 존경하는 마음이다. 원칙적으로 인간의 가치는 사회 기여도에 따라 결정된다. 쉽게 말해 사회에 도움이 되는 사람이 가치가 높고 사회에 해를 끼치는 사람은 가치가 낮다는 말이다. 한국인이 이순신 장군이나 안중근 의사를 존경하는 이유는 그들이 사회에 크게 기여한 사람이어서 그들의 가치를 높게 평가하기 때문이다. 반면에 요즘으로 치면 사회적으로 성공하고 돈도 많은 부자였던 이완용을 혐오하거나 경멸하는 이유는 그가 사회에 해를 끼치는 사람이어서 그의 가치를 낮게 평가하기 때문이다.

그러나 2000년대에 접어들면서부터 한국에는 인간의 가치를 돈으로 평가하는 병적인 풍조가 만연해졌다. 이와 비례해 한국인의 자존감은 심각한 손상을 입기 시작했다. 거의 모든 한국인은 돈이 없다거나 부족하다는 이유로 자신의 가치를 낮게 평가하여 자존감이 추락했다. 부자들 역시 자존감이 추락했는데, 진정한 자존감은 돈으로 살 수 있는 게 아니기 때문이다. 부자들은 보통 사회적 지위가 높으므로 실제로는 자존감이 낮은데도 높다고 착각하는 가짜 자존감을 가질 수는 있다. 그러나 그것은 말 그대로 가짜 자존감일 뿐 진짜가 아니므로 부자들 역시 자존감 추락을 피하지 못한다. 사회에 기여하는 정도에 따라 인간의 가치를 평가하지 않고, 돈 따위로 평가하는 사회는 그 누구도 자존감을 가질 수 없도록 방해한다.

또 하나 심각한 자존감 위기의 원인은, 학대 도미노 현상이나 인간관계 악화 때문에 사람들이 만성적으로 학대당하거나 무시당하며 살아가고 있다는 점이다. '내가 더 잘났어' 혹은 '내가 더 잘 나가' 경쟁, 즉 개인 간 서열 경쟁은 사람들이 서로의 자존감을 북돋아 주기는커녕 칼질을 해대게 만들었다. 어떤 이들은 자존감이란 스스로를 존중하는 마음이므로 타인의 평가나 존중이 별로 중요하지 않다고 말하기도 하는데, 이는 잘못된 생각이다. 자기 자신에 대한 존중은 본질적으로 자신에 대한 사회 혹은 타인의 존중이 내면화된 것이지 개인이 주관적으로 조작해낸 게 아니다. 이는 어려서부터 타인으로부터 존중을 받아본 경험이 거의 없는 사람들의 자존감이 예외 없이 낮다는 점을 통해 쉽게 확인이 가능하다. 이렇게 자존감이 심각하게 손상된 결과 현대인들은 자존감을 유지하거나 높이는 데에 과도할 정도로 집착하게 되었다.

'내가 더 잘났어' 경쟁이 벌어지고 있는 사회에서 자존감은 경쟁에서 승리했다는 증거로 간주된다. 즉 높은 자존감이 내가 남들보다 더 잘났다거나, 내가 남들보다 더 높은 서열에 있다는 것을 증명하는 하나의 징표로 간주되고 있다는 뜻이다. 사람들이 자존감 하락을 몹시 두려워하는 까닭은 낮은 자존감을 곧 낮은 서열로 받아들이기 때문이다. 반대로 사람들은 자존감이 높다고 느끼면(이것은 가짜 자존감이다) 어깨에 힘이 들어간다. 높은 자존감이 곧 높은 서열을 의미하기 때문이다. 자존감이 경쟁에서의 승리를 증거하는 징표로 간주되면서 한국 사회에서는 누가 자존감이 더 높은가를 두고 싸움을 하는 자존감 경쟁까지 벌어지게 되었다.

자존감의 추락과 그것에서 비롯된 자존감에 대한 집착, 그리고 자존감 경쟁은 가짜 사랑의 주요한 원인이다. 오늘날 상대를 인간이 아닌 상품으로서 사랑하거나 도구로서 사랑하게 만드는 중요한 이유가 바로 낮은 자존감이기 때문이다. 자기 자신에 대한 인식, 즉 자기 개념이라는 측면에서 말하자면 자존감이 낮다는 것은 자신을 형편없는 인간, 별 볼 일 없는 인간, 못난 인간이라고 믿고 있다는 의미다. 자존감이 낮은 사람은 못난 자기의 진짜 정체를 남들이 알게 되면 반드시 사람들이 자기를 싫어하게 되거나 버리게 될 거라고 믿으며 그것을 제일 두려워한다. 이 때문에 그는 자기의 본래 모습을 철저하게 감추거나 화려하게 포장하려고 한다. 그래야만 자신의 초라하고 볼품없는 모습을 감추고 자신이 정말 괜찮은 사람이라는 것을 남에게 과시할 수 있기 때문이다. 《사랑의 인문학》에서 주창윤은 자존감 경쟁과 사랑의 관계성을 다음과 같이 설명했다.

> 오늘날 사랑하지 못한다는 것은 열등감을 불러일으킨다. 내가 너무 보잘것없는 존재가 아닐까 하는 감정, 자신은 누구에게도 소중한 존재가 아니라는 생각은 자존감을 무너뜨린다. 이것은 자신의 외모, 성적 매력, 경제적 능력 등에 대한 불만으로부터 나오기도 한다. … 사람은 사랑을 통해서 자신의 자존감과 자기 인정을 얻고 싶어하기 때문이다. 사랑이야말로 내가 살아야 하는 진정한 이유인 셈이다.[17]

자존감이 낮은 사람에게 상품 혹은 도구로서의 가치가 높은 상대는 자신의 낮은 자존감을 방어하거나 높여주는 인간장식품이고 남들로부터 존중과 찬탄을 이끌어내도록 해주는 훈장이다. 따라서 자존감이 낮은 사람은 자신의 자존감을 높여주는 데 도움이 되는가 아닌가에 따라 타인을 차별하여 대한다. 즉 그는 자신의 낮은 자존감을 높여주는 데 도움이 되는 사람만을 사랑한다.

예를 들면 공부 잘하는 자식, 좋은 대학에 진학한 자식은 부모의 자존감을 높여준다. 또한 값비싼 아파트나 외제차, 명품 등을 소유하는 것 그리고 사회적으로 성공하고 출세한 사람들을 친구나 인맥으로 가지고 있는 것은 자존감을 높여준다. 하지만 이런 사랑은 상대가 자기의 자존감을 방어하거나 높여주는데 유용한 도구의 역할을 하는 한에서만 유지되는 가짜 사랑이다.

자존감이 낮을수록 왜 사랑에 매달리는가?

자존감을 높여주는 사랑의 극적인 효과가 가장 뚜렷하게 나타나는 경우는 이성 간의 관계다. 솔로몬은 이성 간의 사랑을 지배하는 가장 중요한 동기가 자존감이라고 주장하면서 "사랑의 주요 동기는 섹스도, 동반자 관계도, 자식도, 관계의 편리성도 아니라 자존감(self-worth)이다."[18]라고 말했다.

모두가 탐내는 멋진 이성, 즉 부자이거나 예쁘다는 이유로 다수의 사람이 높게 평가하는 이성이 자기를 사랑하게 되면 비록 일시적인 착각일지라도 그것은 자존감을 가파르게 높여주는, 엄청나게 기분 좋은 일이 아닐 수 없다. 특히 남성 혹은 여성으로서의 가치나 매력을 중시하는 사람에게 멋진 이성이 자기를 사랑한다는 사실은 그(그녀)의 자존감을 크게 좌우하는 중대한 문제이다. 사회학자 에바 일루즈는 현대의 개인주의가 자존감 세우기 문제로 사람들을 고군분투하

게 만들고 있다면서, 개인주의 사회에서는 사랑이 자존감의 고취를 이끈다고 주장했다.[19]

괴테Johann Wolfgang von Goethe의 소설 《젊은 베르테르의 슬픔》에서 남자 주인공 베르테르는 아름다운 여성인 로테의 사랑을 받게 되자 하늘에 오른 듯한 기분에 취해 이렇게 외친다. "그녀가 나를 사랑한다는 것을 알게 된 이래 얼마나 나는 나 자신을 숭배하는지!" 이 대사는 멋진 이성한테 사랑을 받는 것, 그런 이성을 소유하게 되는 것이 남성 혹은 여성으로서 자존감이 낮은 사람의 자존감을 극적으로 높인다는 점을 보여준다. 여성들에게 인기가 없는 남자가 유흥업소에 가는 중요한 이유 역시 낮은 자존감이다. 유흥업소의 여성 종업원들은 돈만 주면 자존감이 낮은 남성을 사랑해주고 아낌없이 칭찬도 해준다. 그런 사랑이나 칭찬이 가짜인 줄은 알면서도, 이들은 마약이 심신을 파괴한다는 걸 알면서 의존하는 사람처럼, 돈으로 사는 가짜 사랑에 매달린다.

돈과 세속적 성공이 자존감을 높여줄 거라고 믿는 사람은 노골적인 정략 연애나 결혼을 하기도 한다. 그는 자신의 자존감을 높이는 데 도움이 되리라고 기대되는 대상을 선택해 목적의식을 갖고 사랑한다. 우연히 어떤 여성을 만났는데, 그녀가 재벌가의 딸이라고 누군가가 귀띔해주면 그는 순간적으로 출세의 앞길이 환히 열리는 듯한 환상에 빠지며 사랑이 뜨겁게 불타오른다. 영화 〈위대한 개츠비〉의 주인공 개츠비는 가난과 낮은 사회적 지위에 대한 열등감 탓에 부와 상류층 진입을 갈망한다. 그는 상류층 출신의 미녀인 데이지를 사랑했는데, 그가 왜 그녀를 사랑했는지는 다음과 같은 개츠비의 노골적인 대사에 잘 드러나 있다. "데이지의 목소리는 돈으로 가득 차 있지요."

개츠비의 경지에서 한 걸음 더 나아가 아예 사랑 없이 누군가와 연애를 하거나 결혼을 하는 사람들도 있다. 자기 집안의 곳간을 지켜주고 꽉꽉 채워줄 권력층 출신의 이성을 콕 점찍어 유혹한 다음 결혼하는 것이다.

자신의 자존감을 위해 상대를 상품이나 도구로 이용하는 사랑 중에는 적극적으로 누군가를 이용하는 사랑도 있지만, 소극적으로 상대에게 매달리거나 상대에게 헌신하는 특이한 사랑도 있다. 자존감과 자신감이 너무 낮아서 자기의 존재 가치를 느끼지 못하고('나는 투명인간이야.'), 세상을 살아갈 이유와 힘이 없어 허우적대며('내가 왜 살아야 하지?'), 세상이 너무 두려워서 피하는('사회생활을 하기 싫고 사람들도 만나기 싫어.') 사람들이 있다. 이런 사람들에게 사랑은 다음과 같은 약효가 있다.

그 사람이 옆에 있으면 그녀는 자신감이 생겼고, 이전엔 공허하고 텅 빈 것만 같던 자신이 꽉 채워진 느낌이 들었다. 또 자신을 둘러싸고 있던 세상이 달라 보였고, 자신도 괜찮은 사람이란 생각이 들었다. 그녀는 그제야 처음으로 '이게 사는 것이구나' 하는 기분을 느꼈다.[20]

자존감이 낮은 사람에게 사랑은 생명의 동아줄, 유일한 구원이 되기도 한다. 이런 사람들에게는 사랑이 너무나 중요한 의미를 가지기에 그들은 상대를 지배하거나 괴롭히지는 않는 편이다. 오히려 상대에게 헌신적이고 희생적인 경우가 많다. 이런 사랑은 상대를 적극적으로 이용하거나 괴롭히지는 않지만, 역시 상대를 자신의 자존감을 위한 도구로 이용하는 것이므로 이기적인 도구적 사랑이라고 해야 한다. 적극적인 도구화이든 소극적인 도구화이든, 상대를 도구로서 사랑하는 것은 진짜 사랑을 방해하며 관계를 악화시킨다. 심리학자 바르데츠키 Bärbel Wardetzki 는 "자존감에 상처를 입은 채 자신의 가치를 상대에게서 찾으려 한다면, 그 관계는 계속 삐걱댈 수밖에 없다."[21]라고 경고했다. 인간은 그 어떤 경우에도 타인의 욕망이나 이익을 충족시키기 위한 도구나 수단이 될 수 없고 되어서도 안 된다. 상대를 이기적인 사랑의 희생양으로 삼는 사랑이 진짜 사랑일 수 없고, 그런 사랑을 하는데 관계가 좋아질 리 없다.

유해한 관계를 반복하는 사람들

병든 사회는 정신건강 악화를 통해서도 가짜 사랑을 강요한다. 정신건강 악화란 마음의 상처와 정신장애를 포괄한다. 마음의 상처와 정신장애는 질적으로 다르기보다는 양적으로 다르다. 비유하자면, 마음의 상처가 감기라면 정신장애는 폐렴이라고 할 수 있다. 마음의 상처와 정신장애는 감기가 악화되면 폐렴이 되고 폐렴이 호전되면 감기로 바뀌는 것과 같은 관계다. 정신장애는 물론이고 마음의 상처도 진짜 사랑을 방해한다.

마음의 상처는 무엇보다 대상 선택에 악영향을 미치며 진짜 사랑을 방해한다. 일반적으로 마음이 건강한 사람은 건강한 사람에게 매력을 느끼는 반면 마음에 상처가 있는 사람은 건강하지 않은 사람 혹은 문제가 있는 사람한테 매력을 느끼는 경향이 있다. 게다가 마음에 상처가 있는 사람은 문제가 있는 사람에게 매력을 느끼는 데 그치지 않고 그런 사람을 선택하는 행동을 되풀이하기도 한다. 알코올 중독자 남편과 이혼한 여성이 또다시 알코올 중독자를 사랑하고, 의부증이 있는 아내와 이혼한 남성이 또다시 의부증이 있는 여성을 사랑하는 것이 그 예다. 이렇게 호되게 당하고도 매번 똑같은 실수를 반복하는 비극을 프로이트는 '반복 강박'이라고 표현하기도 했다. 반복 강박 혹은 '나쁜 관계 되풀이'의 원인은 여러 가지이지만, 그중에서 가장 중요한 점은 어렸을 때의 부모 관계에서 비롯된 욕망이다. 에리히 프롬은 가짜 사랑이 어린 시절의 욕망과 관련이 있다고 강조했다.

신경증적 사랑의 기본적 조건은 '애인' 중의 한 사람 또는 두 사람이 모두 어버이의 상에 애착을 느끼고 있고, 어른임에도 불구하고 일찍이 아버지 또는 어머니에 대해 품고 있던 감정, 기대, 공

포를 애인에게 전이시킨다는 사실에 있다.[22]

차갑고 냉정한 아버지를 둔 여성은 어렸을 때 아버지가 자기를 따뜻하게 품어주고 사랑해주기를 간절히 원했겠지만 그런 정상적인 욕망이 충족되지 않았을 가능성이 크다. 이런 여성은 성인이 되어서도 이루지 못한 욕망에 사로잡혀 있을 수 있는데, 그런 욕망은 공적인 관계가 아니라 사적인 관계, 특히 친밀한 관계에서 강하게 작용하거나 표출된다. 이와 관련해 바르데츠키는 "사랑이 시작되면 이전까지 간절하게 원했지만 이루지 못했던 것들을 모두 연인과의 관계 속에서 충족하려고 한다. 그리고 이런 생각은 극심한 고통의 원인이 된다."[23]고 말했다.

어린 시절에 이루지 못했던 욕망은 연애 상대나 배우자를 선택할 때 영향을 미치게 된다. 위 사례의 여성은 아버지와 유사한 남성에게 매력을 느껴 그런 남성을 선택할 수도 있다. 차갑고 냉정한 아버지를 둔 여성이 아버지와 비슷한 남성에게 호감을 느끼는 이유는 그가 아버지와 비슷해서 친근감이나 편안함을 주기 때문이다. 좀 더 깊이 해석하자면 그 여성은 아버지와는 전혀 다른, 따뜻하고 친절한 남성을 만나면 왠지 모를 어색함이나 불편함을 느낄 가능성이 있다. 그래서 익숙하고 친근한, 아버지와 유사한 대상을 선택하게 된다.

그러나 그보다 더 중요한 원인은 그녀가 아버지의 차가운 태도 때문에 맺힌 한을 풀어야만 한다는 동기와 연관이 있다. 이런 한은 아버지와 비슷한 남편으로부터 친절하고 따뜻한 사랑을 받아야만 풀릴 수 있다. 멋진 스마트폰을 갖지 못해서 맺힌 아이의 한은 컴퓨터를 산다고 해서 풀리지 않는다. 그 아이의 한은 꼭 그 스마트폰이 아니더라도 그와 비슷한 스마트폰을 가져야만 풀리는 법이다. 이와 마찬가지로 아버지한테 맺힌 한은 아버지와 유사한 사람만이 풀어줄 수 있다. 물론 애인이나 배우자를 선택하는 여성은 이 점을 의식하지 못하는 경우가 대부분이다. 하지만 그런 경우에도 그녀는 무의식적으로 한풀이를 시도한다. 그러나 이런 식의 이성 선택은 좋은 결과로 이어지기 힘들다. 앞에서도 지적했듯이, 어린 시절에 받지 못한 아버지의 사랑을 성인이 되어서 받는 것은 불가능하며, 설사 그런 사랑을 받는다고 해서 별 도움이 되지도 않기 때문이다.

또한 그녀는 아버지와 정반대인 남성에게 매력을 느껴 그런 남성을 선택할 수도 있다. 비록 아버지로부터 따뜻하고 친절한 사랑을 받고 싶다는 욕망이 있다 하더라도, 차갑고 냉담한 아버지에 대한 부정적인 기억이나 감정이 크다면 아버지와 유사한 남성에게 끌리기는 힘들다. 이 경우 아버지와 유사한 남성은 한풀이를 하려는 전의에 불타오르게 하기보다는 불쾌감, 거부감, 분노 같은 부정적인 감정을 유발할 가능성이 높다.

이로부터 그녀는 아버지와 정반대인 따뜻하고 친절한 남성을 선택하지만, 그 남성은 따뜻하고 친절하기는 한데 너무 무능력하고 게을러서 자신이 남편을 먹여 살려야만 하는 고생길에 들어설 수도 있다. 아버지의 냉담함에 학을 떼었던 여성은 따뜻함이나 친절함 같은 아버지와 반대되는 특성에 지나친 가중치를 부여할 위험이 크다. 그래서 오직 그런 점에만 주목하고 "친절하기만 하면 됐지, 그런 것쯤이야."라고 말하며 상대의 결함을 간과하기도 한다. 한마디로 사람을 보는 객관적이고 공정한 눈을 잃어버리는 것이다.

이처럼 아버지에게 맺힌 한은 아버지와 유사한 남성을 선택하게 만들 수도 있고, 아버지와 정반대인 남성을 선택하게 만들 수도 있지만 대체로 그 결과는 좋지 않다. 한풀이를 위한 대상 선택이 좋은 결과로 이어지지 않는다는 점은, 반복 강박이나 나쁜 관계 되풀이라는 말이 보여주듯, 그런 선택을 하는 사람들이 나쁜 관계를 되풀이하는 경향이 있다는 사실로 확인이 가능하다.

애인이나 배우자 선택과 달리 동성 친구 선택에는 자기 개념이 큰 영향을 미친다. 연구들에 따르면 일반적으로 사람들은 자기와 비슷한 사람 혹은 자기가 되고자 하는 사람과 비슷한 사람을 좋아한다. 외향적인 사람이 외향적인 사람을 선호하거나, 똑똑해지기를 바라는 사람이 똑똑한 사람을 선호하는 게 그 예시다. 특히, 사람들은 자기와 비슷한 사람보다도 자기가 앞으로 가지게 되었으면 하는 특성이나 특징을 가지고 있는 사람을 높이 평가한다.[24]

자기가 되고자 하는 사람과 비슷한 사람을 좋아하는 것 자체는 아무 문제가 없다. 하지만 그 이면에 있는 동기가 바람직하지 않으면 문제가 된다. 지금은 성실하지 않지만 언젠가는 성실한 사람이 되고 싫어서 다른 성실한 사람을 좋아한다고 해보자. 이때 만일 성실하지 않은 자기를 싫어하거나 미워해서 성실한 사람을 사랑한다면, 그 동기는 상대와의 관계에 나쁜 영향을 미칠 가능성이 크다. 그런 사랑은 기본적으로 상대의 성실함을 사랑하는 게 아니라 자기 자신에 대한 불만을 보상하거나 벌충하기 위해 상대의 성실함을 필요로 하는 자기중심적이고 도구적인 사랑이기 때문이다.

정반대 성향을 지닌 사람들이 대부분 원만하게 잘 지내지 못하는 이유는 이런 점과 관련이 있다. 30대~40대 기혼자 112명을 대상으로 실시한 연구 결과에 따르면 씀씀이가 헤픈 사람과 절약하는 사람은 서로에게 끌리는 경향이 있었지만, 그들의 결혼생활은 순탄치 않았다. 기혼자 458명을 대상으로 한 후속 연구에서 돈 문제에서 반대 성향을 보이는 부부가 그렇지 않은 부부보다 재정적인 문제로 훨씬 더 많은 갈등을 겪었으며, 관계의 질도 악화하였다.[25] 자신의 결함 혹은 싫어하는 자신의 모습을 방어하거나 보상하기 위한 사랑은 도구적인 사랑이며, 이런 사랑이 관계의 질을 높이는 것은 불가능하다.

드물기는 하지만, 현실에는 정반대 성향의 사람들이 서로를 건강하게 사랑하고 좋은 관계를 유지하면서 함께 성장해나가는 이상적인 경우도 존재한다. 만일 자신을 싫어해서가 아니라 상대를 진심으로 좋아해서, 특히 자기와는 정반대인 상대의 특성이나 성향을 진심으로 좋아하고 그것을 배우고자 하기에 정반대 성향의 사람을 선택하고 사랑한다면, 그 관계는 좋은 결과로 이어질 수 있다. 한마디로 마음이 건강한 사람들, 욕망이나 동기가 건전한 사람들은 자기가 되기를 원하는 사람과 비슷한 사람을 고르든 아니면 자기와 정반대 특성이 있는 사람을 고르든 문제가 없다는 뜻이다. 유감스럽게도 오늘날, 사람들의 정신건강은 그다지 좋은 편이 아니기에 정반대 성향의 사람들이 잘 지내는 것은 점점 더 어려운 일이 되어가고 있다.

병든 사회는 사랑하는 능력을 훼손한다

가짜 사랑의 또 다른 원인은 사랑에 대한 무지와 무능력이다. 솔로몬은 "우리의 당면 문제와 역설은 우리가 사랑에 집착하면서 사랑이란 무엇인가에 대한 지식을 잃어버렸을 뿐 아니라, 사랑이 어떤 것이어야 하는지를 더이상 성찰하지 않게 되었다는 것이다."[26]라고 말했다. 그의 말처럼 사랑에 대한 무지나 오해가 진짜 사랑을 방해하는 원인 중의 하나라는 것은 분명하다. 축구가 무엇인지 잘 모르면서 축구를 잘할 수는 없다. 그러나 사랑에 대한 무지보다 더 큰 문제는 사랑의 능력 부재, 사랑의 무능력이다.

사랑이 무엇인지 제대로 설명해주는 책을 읽었다고 해서 갑자기 사랑을 잘할 수는 없다. 사랑을 하려면 사회적 존재로서의 능력이 뒷받침을 해주어야만 한다. 이 점을 특별히 강조한 사람이 바로 심리학자 에리히 프롬이다. 그는 사랑이 무엇인지를 아는 것은 물론 필요하지만, 그것만으로는 충분하지 않다면서 반드시 사랑의 능력, 정확하게 말하자면 사랑을 할 수 있는 사회적 존재로서의 능력을 갖추어야 한다고 강조했다.

사회적 존재로서의 인간은 자연과 사회, 그리고 자기 자신을 개조·개혁할 수 있는 능력이 있다. 인간은 혼자서는 세상을 개조할 수 없다. 사회적 존재인 인간은 다른 사람들과 단결하고 협력함으로써 세상을 지배하고 개조한다. 여기에서 알 수 있듯이 인간의 능력 중 가장 기본은 서로의 마음과 힘을 합칠 수 있게 해주고 서로의 성장을 촉진하는 능력이다. 이런 능력은 사회적 존재로서의 인간이 가져야 할 가장 기본적이고 필수적인 능력인데, 이것이 바로 사랑의 능력이다. 사랑의 능력이 있어야 인간은 고립에서 벗어날 수 있고, 세상을 바꿀 수 있으며, 계속해서 성장하고 발전해나갈 수 있다. 가족 구성원이 서로를 건강하게 사랑하면 그들은 한마음 한뜻의 집단으로 뭉쳐 거친 세상에 맞서나가고, 그 과정에서 서로의 건강과 성장을 촉진해나갈 수 있다.

사회가 건강할 경우 기본적인 사랑의 능력은 어느 정도까지는 저절로 획득 가능하다. 어려서는 부모와 어른들의 사랑을 받고, 커서는 친구들이나 이웃들과 사랑을 주고받으면서 살아간다면 특별한 노력 없이도 기본적인 사랑의 능력을 갖게 된다. 문제는 현대 사회가 건강하지 않아서 이런 기본적인 사랑의 능력을 획득하기가 매우 어려워졌다는 점이다. 특히 날이 갈수록 심각해지는 정신건강 악화는 사랑하는 능력을 심각하게 훼손하고 있다. 이 때문에 과거와는 달리 특별한 노력이 없이는 사회적 존재로서의 전반적인 능력은 물론이고 아주 기본적인 사랑의 능력조차 획득하기 힘들어졌다. 비유하자면 예전에는 다들 몸이 튼튼해서 무난하게 달리기를 할 수 있었지만, 요즘은 다들 관절과 근육이 약해져서 정상적으로 달리기조차 어려워진 상황과 비슷하다.

상황이 이렇게 바뀌었지만 사람들은 여전히 별다른 노력 없이도 사랑이 가능하다고 착각하고 있다. 에리히 프롬은 사랑의 능력을 상실한 시대임에도 불구하고 사람들이 사랑을 너무 쉽게 생각하며 사랑의 능력을 획득하기 위한 노력을 게을리한다고 지적하면서 "사랑처럼 엄청난 희망과 기대 속에서 시작되었다가 반드시 실패로 끝나고 마는 활동이나 사업은 찾아보기 힘들 것이다."[27]라고 말했다.

학교에서 열심히 사랑에 관한 교육을 하거나, 좋은 책을 출간하여 사랑에 대한 무지를 극복하는 것만으로는 이 문제를 해결할 수 없다. 병든 사회는 단순히 사랑에 대한 왜곡된 이론을 유포할 뿐만이 아니라 사랑을 가능하게 해주는 조건들을 밑바닥에서부터 허물어버리고 인간의 정신을 병들게 만들어 사랑하는 능력을 상실하게 하여 진짜 사랑을 원천 봉쇄하고 있기 때문이다. 만일 사회를 근본적으로 개혁하지 못한다면 사랑의 실패는 앞으로 더욱 심해질 것이다.

5장

진짜를 가장한
가짜 분별하기

희생은 사랑의 증거가 아니다

여기에서는 사람들이 흔히 진짜 사랑이라고 착각하는 가짜 사랑들에 관해 알아보고자 한다. 진짜 사랑으로 오해받는 대표적인 가짜 사랑은 희생적 사랑이다. 영화나 드라마에 나오는 사랑 이야기 중에서 가장 위험한 종류는 자기중심적인 희생을 사랑으로 미화하는 것이다.

한 가지 예를 들어보겠다. 지고지순한 사랑을 하던 한 여성이 어느 날 자신이 불치병에 걸렸다는 사실을 알게 된다. 그녀는 남자가 자신을 사랑하기 때문에 진실을 말하면 그가 자기를 떠나지 않고 정성을 다해 간호할 거라고 예상한다. 그녀는 남자를 너무나 사랑하기 때문에 그가 자기 때문에 괴로워하거나 자신의 죽음을 목격하게 해서는 안 된다고 생각한다. 그래서 남자한테는 아무 말도 하지 않고 갑자기 사라져버린다. 남자는 때로는 눈물 콧물을 흘리고 때로는 원망하고 저주하면서 여자를 찾아 헤맨다. 그러다가 마침내 여자를 만났고 그녀의 설명을 듣고는 그녀의 갸륵한 사랑에 감동해서 뜨거운 눈물을 흘린다.

이 여자는 과연 남자를 사랑했을까? 물론 그녀에게 사랑의 마음이 하나도 없었다고 말할 수는 없다. 그러나 그녀의 사랑에는 심각한 문제가 있다. 바로 그녀의 사랑이 지독할 정도로 자기중심적이고 이기적이라는 점이다. 그녀는 남자를 위한 일방적인 희생을 사랑이라고 믿었을지 모르지만 그건 착각이다. 정상적인 사람이라면 사랑하는 사람이 자기를 위해 지나치게 희생하는 것을 달가워하지 않는다. 가까운 관계에서 발생하는 희생을 연구한 결과에서, 사람들은 상대가 자신을 위해 희생하기를 바라지 않으며 그가 자신의 관심사를 추구하기를 바란다는 점이 밝혀졌다.[28] 너무나 당연한 결과다. 누군가를 진짜로 사랑하는 사람이라면 상대의 희생을 바랄 리 없다.

위의 예에서 여자는 남자에게 한마디 말도 하지 않고 일방적으로 자취를 감췄는데, 이는 남자를 정신적으로 학대하는 행위다. 여자가 불치병에 걸렸다는 사실을 알게 되었을 때 남자가 그녀를 버리고 도망가느냐 아니면 끝까지 돌보느냐 하는 건 전적으로 남자가 선택하고 결정할 문제이다. 물론 여자는 자기 의견을 얘기할 수도 있고 서로 토론이나 논쟁도 할 수 있겠지만, 궁극적으로 선택은 성인인 상대 남자의 몫이다. 그러나 여자는 남자를 사랑한다는 명분을 내세우며 남자의 선택권과 결정권을 박탈해버렸다. "나는 내가 옳다고 생각하는 방식으로 너를 사랑할 거야. 너는 그냥 받아들이면 돼."라는 식의 일방적이고 자기중심적인 사랑은 아직 사고능력이 부족해서 선택이나 결정을 내리기 힘든 어린아이나 미성년자를 상대로 하는 특수한 경우에나 가능하다. 성인에 대한 사랑, 특히 연인이나 부부간의 사랑은 상대를 향한 존중에 기초해야 한다.

여기에서 유의해야 할 점은 미성년 자녀에 대한 어머니의 상대중심적인 희생은 일방적이고 자기중심적인 가짜 사랑이 아니라는 점이다. 어머니는 자식을 중심에 놓고 자식의 성장 수준에 어울리는 사랑을 하므로, 자식이 성장함에 따라 사랑하는 방식을 홀로 결정하는 식에서 자식과 의논하는 쪽으로 자연스럽게 바꾸어간다. 이는 어머니의 희생적인 사랑은 대상이 아닌 자기를 중심에 두는 일방적인 가짜 사랑과는 다르다는 사실을 의미한다.

착한아이 증후군에 숨겨진 심리

그렇다면 누가 이런 식의 가짜 사랑을 하는 걸까? 또 이런 사랑을 하는 이유는 뭘까? 일방적으로 희생하는 가짜 사랑을 하는 사람은 착한아이 증후군이 있을 가능성이 높다. 착한아이 증후군이란 간단히 말하자면 타인들로부터 사랑을 받기 위해서 착하게 말하고 행동하는 증상이다. 진짜로 착한 사람과 착한아이 증후군이 있는 사람은 둘 다법 없이도 살 정도로 착하게 행동하기 때문에 얼핏 보아서는 잘 구분이 되지 않을 수 있다. 그러나 양자는 엄연히 다르다. 진짜로 착한 사람은 인간을 사랑하기 때문에 선한 행동을 한다. 반면에 착한아이 증후군이 있는 사람은 사랑을 받고 싶어서 혹은 사랑을 받지 못할까 봐 두려워서 착한 행동을 한다. 동기가 완전히 다르다는 뜻이다.

진짜로 착한 사람은 인간을 사랑하는 사람이어서 인간을 괴롭히거나 해치는 악당을 증오한다. 예를 들면, 어떤 권력자가 백성들을 괴롭히고 착취하면 그를 증오한다. 이런 사람은 매사에 적과 아를 분명하게 구분하며 인간은 열렬히 사랑하지만 인간 같지 않은 사람은 경멸하고 증오한다. 반면에 착한아이 증후군이 있는 사람은 사랑받기를 원하는 사람이어서 그 누구도 증오하지 않는다. 사실 그는 그 누구도 사랑하지 않는 사람, 인간을 사랑하지 않는 사람이기 때문이다. 착한아이 증후군이 있는 사람은 인간 같지 않은 사람, 백성을 괴롭히는 악질적인 권력자를 만나게 되더라도 친절한 미소를 지으며 악수를 하는 경우가 많다. 그가 악당들을 점잖게 비판하거나 질타하는 경우는 다수의 사람 혹은 주변 사람들의 사랑을 잃을지도 모른다고 판단할 때뿐이다. 따라서 이런 사람은 적과 아가 분명하지 않은 사람, 인간 같지 않은 인간에게도 친절하게 대하는 사람, 정의와는 거리가 먼 비겁한 사람이다.

진짜로 착한 사람은 마음에서 우러나온 사랑을 하는 사람이기 때문에 상대로부터 사랑을 받지 못한다 해도 사랑한 사실을 조금도 억울해하지 않으며, 줄기차게 사랑을 한다고 해서 지치거나 힘들어하지도 않는다. 그는 오히려 사랑하기를 너무 좋아하고 그것에서 행복을 찾는다. 사랑하면서 살아가는 것은 착한 사람에게 가장 큰 행복의 원천이어서 그는 항상 밝은 표정을 짓고 낙천적으로 생활한다.

반면에 착한아이 증후군이 있는 사람은 억지로 사랑하는 사람이고 사랑을 되돌려받기 위해서 사랑을 먼저 주는 계산적인 사랑, 도구적인 사랑을 하는 사람이기 때문에 상대가 사랑을 되돌려주지 않으면 몹시 억울해한다. "나는 너를 위해서 평생을 희생하고 또 희생했는데, 너는?" 이것이 착한아이 증후군이 있는 사람의 속마음이고 단골 레퍼토리다. 그는 항상 자신이 남들을 사랑하는 정도에 비하면 돌아오는 사랑이 적다고 생각하기 때문에 사랑을 하면 할수록 자신이 탈진, 소진된다고 느낀다. 이런 사람이 대체로 어둡고 우울한 표정으로 힘겹게 살아가는 건 이 때문이다.

착한아이 증후군은 어린 시절에 착한 아이가 되어야만 부모의 사랑을 받을 수 있다고 믿었던 사람에게 전형적으로 나타난다. 또 하나의 원인, 한층 더 심각한 원인은 자식과 부모 관계의 역전이다. 부모 자리가 몹시 불안정할 경우, 부모가 부모 구실을 못 할 경우 아이들은 어쩔 수 없이 부모 역할을 떠맡게 된다. 부모가 계속 병을 앓거나, 아이들을 놔두고 이따금 가출했다가 돌아오거나, 세상살이를 힘겨워하여 툭하면 자식을 붙잡고 눈물과 신세 한탄을 늘어놓으면 아이들은 부모가 잘못될까 봐 노심초사하게 되고, 부모를 잃을지도 모른다는 두려움에 사로잡히게 된다.

부모 자리가 불안정하면 아이는 어쩔 수 없이 부모의 역할을 떠맡아 부모의 하소연을 들어주고 공감해주며, 부모를 정서적으로 보호해주고, 도와주고 지지해주어야 한다. 이런 식으로 아이들이 부모를 보살펴야 하는 처지, 즉 부모 역할을 하게 되는 경우를 부모-자식 관계의 역전 혹은 자식의 부모화parentification 라고 한다. 부모의 역할을 해야 하는 아이는 자신의 욕망, 감정 등은 철저히 억제하고 무시하는 금욕주의적 삶을 살아가게 된다. 이 아이에게 중요한 것은 자신의 욕망이나 감정이 아니라 부모의 욕망이나 감정이기 때문이다.

부모 역할을 떠맡게 된 아이는 부모한테 사랑과 지지를 받지 못했기 때문에 자신이 사랑을 받을 자격이 없는 별볼일 없는 존재이며, 항상 자신이 부족하다고 느끼는 등 부정적인 사고와 감정을 가지게 된다. 한마디로 자존감이 낮아지는 것이다. 이런 아이는 어려서부터 가족을 위해 계속 희생하고 헌신하지만 가족 중에서 그 희생을 알아주는 사람은 없다. 이렇게 어려서부터 부모 역할을 떠맡은 채 성장했던 사람은 착한아이 증후군에서 벗어나기 힘들다. 그가 부모의 사랑을 받을 수 있었던 유일한 방법은 착한 아이가 되어 부모 역할을 충실하게 해내는 것이었기 때문이다.

착한아이 증후군이 있는 사람은 사랑과 인정에 굶주려 있고 그것을 받으려면 남들을 위해 헌신하고 희생해야만 한다고 믿는다. 그러다 보니 자신의 욕망이나 감정은 중시하지 않으며 자기를 거의 챙기지도 않는다. 그는 자신의 가치, 즉 자존감을 확인하기 위해서 항상 타인을 필요로 하기에 타인의 시선에 매우 민감하고 그것을 두려워한다. 착한아이 증후군이 있는 사람은 타인의 요구나 부탁을 거의 거절하지 못한다. 그랬다가는 사랑을 받을 수 없고 사람들이 자신을 싫어하게 될 거라고 두려워하기 때문이다. 착한아이 증후군이 있는 사람은 남들한테 지나칠 정도로 양보를 하며, 거절을 못해서 주변 사람들한테 이용당하며 살아가는 경우가 많다.

조력자 증후군

착한아이 증후군은 조력자 증후군helper syndrome 과 밀접한 관련이 있다. 조력자 증후군이란 '남을 돕지 않으면 안 된다는 강박감에 사로잡혀 있으면서도 정작 자기 자신은 제대로 돌보지 않으며 협조도 구하지 않는 경향'[29]을 말한다. 착한아이 증후군이 있는 사람은 착하게 행동하는 데 관심을 가질 뿐 자기 자신은 잘 돌보지 않는다는 점에서 조력자 증후군도 가지고 있다고 말할 수 있다.

착한아이 증후군이 있는 사람은 나쁜 사람이나 나쁜 짓을 하는 사람은 아니기 때문에 그가 남들한테 직접적으로 피해를 주는 일은 거의 없다. 상대가 사랑을 되돌려주지 않았을 때, 또 상대가 자신을 버리고 떠나갔을 때 폭력을 행사하거나 화를 내는 방법으로 상대를 지배하고 조종하는 행동은 착한아이 증후군에 어울리지 않는다. 착한아이 증후군이 있는 사람은 폭력적이거나 공격적인 방법이 아니라 계속 울거나 기절하기, 혹은 식음을 전폐하거나 자살소동을 벌이는 등 자기학대적인 방법으로 상대를 지배하고 조종하려 한다. 자신의 병약함이나 연약함을 활용해 상대를 통제하려고 하는 셈이다. 그러나 연인이 자신이 아닌 다른 이성과 대화를 나누거나 눈길만 주어도 눈물을 쏟으면서 괴로워하고, 자신이 너무 부족하다면서 자기를 버리라고 말하며, 정작 헤어지자고 하면 자살하겠다고 선언하는 착한아이 증후군 환자는 상대를 숨막히게 만든다. 상대를 폭력이나 폭언 등으로 괴롭히지는 않지만 그 역시 자기만의 독특한 방식으로 타인에게 피해를 준다.

착한아이 증후군을 가진 사람의 사랑이 초래하는 가장 나쁜 결과는 상대에게 부채감 혹은 죄의식을 갖게 만드는 것이다. 앞에서도 언급했듯이, 정상적인 사람은 상대가 자기 자신은 거의 돌보지 않고 자기를 위해서만 희생하기를 바라지 않을뿐더러 달가워하지도 않는다. 자기는 삼시세끼 라면만 먹으면서 상대한테는 푸짐한 밥상을 차려준다면 기분 좋게 먹을 사람이 몇이나 되겠는가. 누군가의 희생 덕분에 자신이 호의호식하면 사람들은 그것을 사랑으로 받아들이지 못하며 오히려 마음속에 부채감과 죄의식만 누적된다. 참고로 착한아이 증후군을 가진 사람의 사랑은 착한 사람에게는 부채감이나 죄의식을 강요하는 피해를 주지만, 마음이 비뚤어진 사람의 경우에는 그가 더 나쁜 짓을 하도록 부추기는 역할을 한다. 마음이 비뚤어진 사람은 착한아이 증후군을 가진 사람의 희생을 당연시하고 더욱 바라게 되어 마음이 더 비뚤어지고, 그의 희생을 적극적으로 이용하고 발판으로 삼아 더욱 나쁜 짓을 하게 된다.

착한아이 증후군이 있는 사람의 사랑을 받는 사람들은 행복해하기보다는 괴로워하고 힘들어한다. 그의 사랑은 사랑을 되돌려받기를 전제로 주는 사랑이라는 점에서 이기적이고 계산적인 가짜 사랑이다. 또한 타인을 자기에게 사랑을 주는 도구로 대한다는 점에서 도구적인 사랑이다. 착한아이 증후군을 앓는 사람의 일방적인 사랑과 희생은 실제로는 이기적인 사랑이고 타인들에게 피해를 주는 가짜 사랑이지만, 겉보기에는 이타적이며 지고지순한 사랑 같아서 비판하기가 힘들다.

구원자적 사랑의 이기적인 동기

구원자적 사랑 역시 진짜의 탈을 쓴 가짜 사랑이다. 구원자적 사랑이란 불행에 빠진 사람 혹은 밑바닥의 삶을 살아가고 있는 사람을 선택하고 뒷바라지하여 그를 훌륭한 사람으로 개조하려고 시도하는 사랑을 말한다. 예를 들면, 번듯한 직업을 가지고 있는 여성이 우울한 알코올 중독자 남성을 사랑하거나 엘리트 남성이 사회적으로 손가락질 받는 미천한 직업을 가진 여성을 사랑하는 경우다.

예전에 평강공주는 바보 온달을 남편으로 맞이하여 헌신적으로 뒷바라지해 그를 훌륭한 장군으로 성장시켰다. 구원자적 사랑을 하는 사람의 목표는 평강공주처럼 되는 것이기 때문에 구원자적 사랑을 하는 사람을 '평강공주 증후군'을 가진 사람이라고 부르기도 한다. 물론 평강공주가 온달을 선택하고 사랑했던 건 전혀 문제가 되지 않는다. 바보 온달은 가난해서 제대로 된 교육을 받지 못했고 자신의 잠재력을 계발할 기회가 없었을 뿐이지, 정신건강이 양호하고 성장 잠재력이 풍부한 가짜 바보였다. 따라서 평강공주와 온달의 사랑은 구원자적 사랑과는 아무 관련이 없다. 여기에서 평강공주 증후군은 겉으로만 평강공주 흉내를 내는 증상을 의미한다.

평강공주 증후군을 가진 사람은 사랑의 동기가 건강하지 않다. 이를 잘 보여주는 사례가 톨스토이 ^{Leo Tolstoy} 의 소설 《부활》의 주인공인 네흘류도프 공작이다. 그는 살인을 저질러 죄수가 된 창녀를 사랑하는데, 그 첫째 이유는 자신이 그녀에게 느끼고 있는 죄책감을 방어하고 탕감하기 위해서였다. 공작은 그녀가 자기 때문에 창녀가 되었으며 유죄를 선고받았다고 믿었다. 죄책감은 몹시 견디기 힘들기에 그는 그녀를 선택하고 구원하여 자신의 죄책감을 탕감하려고 했다.

네흘류도프 공작이 밑바닥 여성을 사랑한 또 다른 이유는 범죄자가 된 창녀에게 시혜를 베풀고 그녀를 갱생시키는 일이 만족스러워서였다. 그는 위신 추락과 경제적 손해를 감수하면서까지 희생을 하는 것이 훌륭한 미덕이라고 생각했다. 그 창녀에게 청혼하겠다는 결정을 내린 후 공작은 스스로에게 감동하여 눈물을 흘리면서 기분이 참 좋다는 말을 반복한다. "나는 이렇게 고결한 사람이야." "나는 이렇게나 잘난 사람이야."라는 생각이나 느낌이 그에게 크나큰 만족을 주었기 때문이다. 그는 거룩한 일을 함으로써 자신이 대단히 윤리적인 사람임을 증명하고 확인하는 기쁨을 만끽하고 싶어했다. 네흘류도프 공작의 사랑은 상대 여성을 진정으로 사랑해서가 아니라 자신을 위해 그 여성을 선택하고 사랑했다는 점에서 철두철미한 이기적 사랑이다.

사회적으로 어려운 처지에 있거나 밑바닥에서 허우적대는 사람을 사랑하거나 구원하려는 행동 자체는 조금도 비난받을 이유가 없다. 그러나 만일 그런 사람을 선택하고 사랑하는 동기가 자신의 욕망이나 이익을 채우기 위해서라면 비난받아 마땅하다. 자신이 누군가에게 구원자가 될 수 있다는 생각은 상대적인 우월감이나 권력감을 느끼게 해준다. 일반적으로 구원을 하는 사람은 사회적으로 지위가 높은 사람이거나 권력이나 부를 가지고 있는 사람이다. 구원 행위는 지위가 높거나 부자라는 사실을 확인해주기 때문에 그 자체가 만족감을 준다.

구원자적 사랑을 하는 사람은 평강공주가 바보 온달을 훌륭한 장군으로 만들었듯 상대를 개조하려고 한다. 만약 그 일에 성공한다면 만인의 칭찬을 받을 것이고 자신이 얼마나 훌륭하고 대단한 사람인지를 스스로에게 증명할 수도 있다. 그러나 설사 매우 따뜻하고 친절한 방식으로 상대를 개조한다 하더라도 그것은 상대를 자기가 원하는 방향으로 변화시키려고 하며, 능히 변화시킬 수 있다는 믿음을 전제하는 행동이라는 점에서 심각한 문제가 있다.

자신의 사랑 혹은 상대가 자신을 사랑하는 것이 상대를 변화시킬 수 있다—이것은 나라는 존재 자체가 상대를 변화시킬 수 있다는 믿음을 의미한다—는 믿음은 자신이 상대보다 더 우월하며 더 큰 권력을 쥐고 있다, 즉 상대보다 내 서열이 훨씬 더 높다는 잘못된 신념에서 비롯된다. 르완도스키는 상대에게 많은 것을 요구하거나 상대를 바꾸려고 하는 행동이 불평등한 관계(서열 관계, 권력 관계)와 관련이 있다면서 "우리는 자신이 상대보다 우월하다고 느끼거나 그들에게 권력을 행사할 수 있다고 느낄 때에만 상대가 변할 거라 기대한다."[30] 라고 경고했다.

마지막으로 하나 더 언급하고 싶은 점은 상대를 자기와 동일시하는 행위도 구원자적 사랑을 부추긴다는 것이다. 예를 들어 어렸을 때 부모에게서 버림받은 경험이 있는 사람은 부모에게 버림받은 사람 혹은 세상으로부터 버림받은 사람을 보면 무의식적으로 그를 자기와 동일시할 수 있다. 이런 사람에게 상대를 구원해주고 돌봐주며 뒷바라지해주는 구원자적 사랑은 사실 상대가 아닌 자기 자신을 사랑하는 행위다.

불같은 사랑만이 낭만적일까

남녀 간의 불같은 사랑은 낭만적 사랑, 열정적 사랑으로 불리기도 한다. 이런 사랑은 첫눈에 반해 급속히 불타오르는 사랑, 신분이나 경제적 격차 같은 현실적 장벽을 훌쩍 뛰어넘는 사랑, 서로를 너무나 사랑해서 둘 중에서 하나가 죽으면 나머지도 상대를 따라 죽는 사랑 등으로 묘사되어왔다. 불같은 사랑을 가장 잘 보여주는 작품 중의 하나가 셰익스피어의 희극 《로미오와 줄리엣》이다. 이 작품이 단 나흘 동안에 벌어지는 이야기를 다루고 있다고 말하면 깜짝 놀랄 사람들이 많을 것이다. 로미오와 줄리엣은 서로를 만난 후 나흘 뒤에 동반 자살로 생을 마감한다. 이 과정을 날짜순으로 간단히 정리해보면 다음과 같다.

첫째 날: 무도회에서 처음으로 만난 로미오와 줄리엣은 서로를 보자마자 첫눈에 반한다. 그는 무도회가 끝나고 나서 그날 밤에 줄리엣의 집에 무단침입해 발코니 밑에 숨어든다. 우연히 발코니에 나온 줄리엣이 로미오에 대한 사랑의 마음을 토로하자 그녀의 말에 용기를 얻은 로미오는 줄리엣에게 적극적으로 구애를 한다. 그러자 줄리엣은 만일 나를 정말 사랑한다면 내일 당장 결혼식을 올리자고 요구한다.

둘째 날: 로미오와 줄리엣은 로렌스 신부의 주례로 비밀 결혼식을 올린다. 로미오는 결혼식을 마치고 나서 거리를 지나다가 친구가 티볼트와 결투를 하는 것을 보고 말리려고 했지만 결투는 벌어졌고 친구가 죽는다. 친구의 죽음을 목격한 로미오는 흥분해서 줄리엣의 사촌오빠인 티볼트를 죽인다. 그리고는 밤에 줄리엣을 찾아가 함께 밤을 보낸다.

셋째 날: 체포를 면하기 위해 로미오는 이른 아침에 만투아로 떠난다. 줄리엣의 부모는 줄리엣에게 자기들이 점찍어준 남자와 정략결혼을 하라고 강요한다. 궁지에 몰린 줄리엣은 로렌스 신부를 졸라 마치 죽은 것처럼 위장할 수 있는 약을 받아내고 그것을 마신다.

넷째 날: 줄리엣이 죽었다는 소문을 들은 로미오가 줄리엣의 무덤 앞으로 찾아와 독약을 마시고 자살한다. 조금 있다가 깨어난 줄리엣은 로미오가 죽어 있는 모습을 보고는 칼로 자살한다.

로미오와 줄리엣의 사랑은 진짜 사랑이었을까? 그것을 자세히 확인하기에는 둘 사이의 사랑이 너무나 빨리 시작되었다가 너무나 빨리 끝나버렸다. 그러나 둘이 처음 보는 순간 곧바로 사랑에 빠지고 한쪽이 죽자 나머지 한쪽이 따라 죽은 것만 놓고 보더라도 로미오와 줄리엣의 사랑은 가짜 사랑일 가능성이 높다.

우선 첫눈에 반한다는 게 가능한지, 또 그것이 바람직한지부터 따져보기로 하자. 첫눈에 반하는 행위는 크게 두 가지로 구분된다. 하나는 생판 모르는 이성을 보고 첫눈에 반하는 것이고 다른 하나는 상대에 대한 정보가 꽤 있는 상태에서 그를 만나자 첫눈에 반하는 것이다. 일반적으로 첫눈에 반한다고 하면 첫 번째를 뜻한다. 상대에 대한 정보가 전무한 상태에서 첫눈에 반할 땐 다음과 같은 요인에 영향을 받았을 가능성이 높다.

첫째, 첫눈에 반한 주체가 외모지상주의자일 경우다. 누군가를 처음 만났을 때 알고 있는 거의 유일한 정보는 외모다. 로미오가 줄리엣에게 첫눈에 반한 이유 역시 줄리엣이 특출나게 아름다워서였다. 외모를 보고 첫눈에 반하는 것은 이성으로서의 성적인 매력을 중시하는 것과도 밀접한 관련이 있다. 철학자 솔로몬은 다음과 같이 말했다.

"첫눈에" 봤을 때 "외모", 특정 태도, 그리고 해당 인물이 적합한 성적 지향성을 지닌 남자나 여자라는 분명한 사실 이외에 무엇을 더 볼 수 있겠는가?[31]

둘째, 상대가 꿈속에서 그려오던 이상형일 경우다. 청춘남녀들은 이성에 눈을 뜨게 되는 시점부터 마음속에 이상형을 만든다. 흔히 동화에서 말하는 '백마 타고 오는 왕자'가 그 예시다. 이 마음속 이상형은 당대의 사회가 높이 평가하는 가치나 기준의 영향 속에서 형성된다. 종교를 높이 평가하는 사회에서는 신앙심이 돈독한 사람을, 돈을 높이 떠받드는 사회에서는 돈이 많은 사람을 이상형으로 여기게 된다. 물론 이상형에는 욕망, 취향, 선호도 같은 개인 심리나 특성도 영향을 미친다. 예를 들면 키가 큰 남성을 유난히 선호하는 여성은 키 큰 남자를, 똑똑한 남자를 선망하는 여성은 똑똑한 남자를 이상형으로 여긴다. 오래전부터 마음속에서 그려오던 이상형 혹은 그런 이상형에 근접한 사람을 만나면 첫눈에 반하기 쉽다.

셋째, 상대가 자신의 강렬한 욕망을 충족시켜줄 거라고 예상되는 경우다. 사람을 가장 들뜨게 만드는 건 긴 세월 동안 갈망해왔던 소원이 마침내 실현될 수 있을 것 같다는 희망이나 기대감이다. 사람들은 상대가 자신의 강렬한 욕망을 충족시켜줄 수 있는 사람이라고 예상될 때 불같은 사랑에 빠진다. 이와 관련해 에리히 프롬은 다소 냉소적인 어투로 다음과 같이 말했다.

> 사실상 그들은 강렬한 열중, 곧 서로 '미쳐버리는' 것을 사랑의 열도의 증거로 생각하지만, 이것은 기껏해야 그들이 서로 만나기 전에 얼마나 외로웠는가를 입증할 뿐이다.[32]

그의 말처럼 너무나 외로워서 빨리 누군가를 만나 함께 하고 싶다는 강렬한 욕망을 가진 사람들은 자신의 욕망을 충족시켜줄 것만 같은 누군가를 만나면 첫눈에 반할 가능성이 높다. 사실 앞에서 언급한 첫 번째 이유와 두 번째 이유를 기저에서 관통하는 것 역시 강렬한 욕망이다. 외모지상주의자의 강렬한 욕망은 외모가 뛰어난 이성과 연애하거나 결혼하는 것이다. 따라서 그는 외모가 특출난 누군가를 만나면 첫눈에 반하게 된다.

누군가가 자기의 이상형에 부합해서 첫눈에 반하는 행위도 욕망 충족과 관련이 있다. 대부분의 사람들은 자신의 이러저러한 욕망을 충족시켜주는 조건이나 특성을 이상형의 모습에 새겨넣는다. 이를테면 돈을 밝히는 사람의 이상형은 부자의 모습이고, 사회적 지위를 갈구하는 사람의 이상형은 상류층의 모습이고, 남의 등에 업혀 의존적으로 살아가기를 바라는 사람의 이상형은 카리스마가 있거나 듬직한 모습이다.

이처럼 강렬한 욕망, 특히 불건전한 욕망은 사람들을 첫눈에 반하도록 만드는 주요한 원인으로 작용한다. 어떤 욕망들은 워낙 강력해서 상대가 자신의 욕망을 충족시켜줄 가능성이 있다는 느낌만으로도 첫눈에 반하도록 만들 수 있다.

낭만적 사랑의 감정 상태

예전부터 많은 사람이 불같은 사랑, 낭만적 사랑에 빠지면 눈이 멀 위험이 있다고 경고해왔다. 한국에서는 이를 '눈에 콩깍지가 씌었다'라고 말한다. 이런 현상이 발생하는 이유는 불같은 사랑이 감정의 강도를 높이 끌어올리기 때문이다. 감정의 형태는 그 강도와 지속기간에 따라 기분과 격정으로 구분된다. 기분은 강도가 약한 반면 지속기간은 긴 감정 형태이다. 즐거움, 기쁨, 슬픔, 우울 등이 여기에 해당한다. 반면에 격정은 강도는 강한 반면 지속기간이 짧은 감정 형태이다. 희열, 분노, 공포 등이 여기에 해당한다. 이 중 격정 상태에 빠지면 사람들의 말과 행동은 전적으로 감정의 지배를 받게 된다. 간단히 말해 이성이 거의 힘을 못 쓰게 되는 것이다.

이 때문에 감정적인 격정 상태에 있는 사람은 평소라면 낯뜨거워서 입에 담기 어려운 사랑의 말을 하기도 하고 절대로 하지 않았을 거친 말이나 폭언을 하기도 한다. 불같은 사랑이 격정 형태의 감정을 불러일으키는 까닭은 그것이 강렬한 욕망과 얽혀 있어서다. 사람은 욕망이 충족되거나 좌절되었을 때 감정을 체험한다. 즉 욕망이 충족되면 긍정적 감정을, 욕망이 좌절되면 부정적 감정을 체험하게 된다. 이때 욕망이 강하면 강할수록 감정의 강도도 강해진다.

한국인들은 월드컵에서 한국팀이 골을 넣거나 승리를 하면 격정 상태에 빠져들어 마구 괴성을 지르거나 한바탕 축제를 벌이기로 유명하다. 이렇게 강한 감정반응은 한국의 축구 국가대표팀이 월드컵에서 우수한 성적을 거두기를 바라는 욕망이 매우 강하기 때문에 일어난다. 반면에 승패가 그다지 중요하지 않은 축구시합에서 승리했을 때에는 이 정도로 강한 감정반응은 나오지 않는다. 승리에 대한 욕망이 그리 강하지 않기 때문이다. 첫눈에 반하는 사랑 혹은 불같은 사랑은 강렬한 욕망으로 추동되는 사랑이기 때문에 감정의 강도가 강할 수밖에 없다. 오랜 세월 꿈꿔오던 강렬한 욕망이 드디어 실현되었거나 머지않아 실현될 것 같은데, 어찌 크게 흥분하지 않을 수 있겠는가.

불같은 사랑이 강도 높은 감정을 동반하는 까닭은 감정의 혼합과도 관련이 있다. 로미오와 줄리엣은[33] 왜 만나자마자 그렇게까지 결혼을 서둘렀을까? 추측 가능한 이유 중의 하나는 그들에게 거절 공포가 있었다는 것이다. 거절 공포가 심한 사람은 상대에게 거절당하는 것을 매우 두려워하기 때문에 기회가 왔을 때 상대를 자기한테 단단히 묶어두려고 한다. 안 그랬다가는 상대가 도망—당사자 입장에서는 거절당하는 것을 의미한다—갈 수도 있기 때문이다. 이들은 상대가 마음에 드는 만큼 그한테 거절당할지도 모른다는 혹은 그를 잃을지도 모른다는 공포에 시달린다. 이로부터 그는 자신의 강렬한 욕망이 충족되고 있다는 것에서 비롯된 긍정적인 감정만이 아니라, 그 욕망이 좌절될 수도 있다는 걱정에서 비롯된 부정적인 감정도 함께 체험한다. 운명적인 짝을 만나 사랑을 하게 되었다는 크나큰 환희에

잠기는 동시에 거절 공포로 인해 그 짝을 잃을지도 모른다는 미칠 듯한 불안에 시달리게 된다는 말이다.

인간의 감정은 복잡하다. 강렬한 욕망의 충족과 관련된 긍정적인 감정은 온갖 부정적인 감정과 혼합될 수 있고 그 결과 온갖 감정들이 얽혀 혼란스럽게 소용돌이치면서 끓어오른다. 이 때문에 줄리엣은 로미오를 만나자 마치 하늘에라도 오른 듯 행복해했지만 그와 동시에 로미오가 변심할까 봐, 그를 잃게 될까 봐 몹시 두려워했다. 그녀는 이런 강도 높고 혼란스러운 감정 때문에 결혼식을 서두르지 않을 수 없었던 것이다.

불같은 사랑이 좋은 결과를 낳을 때는 한 가지 경우밖에 없다. 욕망이 매우 건전하고 마음에 상처가 없을 경우다. 이런 특수한 경우가 아니라면 불같은 사랑은 좋은 결과로 이어지기 어렵다. 현실 속에서 불같은 사랑이 성공적이고 발전적인 결과로 이어지는 일을 찾아보기 힘든 것은 이 때문이다.

진정한 사랑은 사람을 살게 한다

어떤 사람들은 로미오와 줄리엣처럼 연인 중에서 한 명이 죽었을 때 다른 한 명이 따라 죽는 것을 진짜 사랑의 증거라고 주장한다. 그러나 과연 연인의 동반 자살이 그들이 건강한 사랑, 진짜 사랑을 했다는 증거가 될 수 있을까? 나는 그것이야말로 그들의 사랑이 가짜 사랑임을 보여주는 강력한 증거라고 생각한다. 아버지가 돌아가시자 아버지를 지극히 사랑했던 어머니가 아버지를 뒤따라 자살하는 경우를 생각해보자. 그러면 자식들은 어떻게 될까? 주변 사람들은? 다소 극단적이고 불경한 상상이지만 이런 경우는 어떨까? 왜적들과의 전쟁이 한창인데 사랑하는 아내가 사망하자 이순신 장군이 아내를 따라 자살을 한다면?

연인이 죽자 그 사람을 따라 죽는다는 건 사랑하는 사람이 그 연인 하나뿐이라는 의미다. 아무리 아버지를 사랑했어도 어머니는 자살을 하지 않는다. 어머니는 남편만이 아니라 자식도 사랑하기 때문이다. 아무리 아내를 사랑했어도 이순신 장군은 자살을 하지 않는다. 그는 아내만이 아니라 백성들, 나아가 우리 민족을 사랑하기 때문이다. 뒤에서 자세히 다루겠지만 오직 한 사람만을 위한 사랑은 가짜 사랑이다.

세상과의 연결, 사회와의 연결이 없이 홀로 고립되어 있던 사람에게 연인은 지독한 외로움과 고립감에서 벗어날 수 있는 유일한 탈출구다. 광신도 집단이 외부세계에 대한 관심을 완전히 끄고 자기들끼리만 똘똘 뭉쳐 살아가듯이 이런 연인들에게 세계는 아무 의미가 없다. 에리히 프롬은 사람들이 고독감으로부터 도피하거나 그것을 방어하기 위해, 적대적이고 두려운 세계에 함께 대항하기 위해 두 사람 간의 동맹을 형성한다면서 이를 '두 사람만의 이기주의'라고 불렀다. 그는 동맹으로서의 사랑을 병적인 사랑이라고 하면서 그런 가짜 사랑이 현대 서양 사회에 널리 퍼져 있다고 말했다.

상호 간의 성적 만족으로서의 사랑과 '팀워크'로서의, 고독으로부터의 피난처로서의 사랑은 현대 서양 사회에 있어서의 사랑의 붕괴, 사회적으로 유형화된 사랑의 병리학의 두 가지 '표준적' 형태이다.[34]

약육강식의 세상에서 생존하기 위해, 위험한 세상에 대항하기 위해, 고통스러운 현실에서 도피하기 위해 두 사람이 동맹을 맺고 연인 이기주의에 빠지는 현상은 오늘날 한국 사회에서도 쉽게 관찰할 수 있다. 두 사람의 동맹으로서의 사랑이란, 거칠게 말하자면, 세계가 멸망하든 말든 상관하지 않고 둘이서만 알콩달콩 잘 살면 그만이라고 생각하는 현실도피적이고 이기적인 사랑이다.

연인이 동반 자살을 한다는 건 그 연인들에게는 공적인 목표가 없었다는 걸 의미한다. 사람에게는 사적인 목표만 있는 것이 아니라 공적인 목표가 있다. 더 정확하게 말하자면 공적인 목표가 없는 사람은 사람답게 사는 사람이 아니다. 인간을 사랑하는 사람은 자기뿐만 아니라 모두가 행복한 세상을 꿈꾼다. 따라서 인간을 사랑하는 사람에게는 반드시 공적인 목표가 있다.

로미오가 독립운동을 하다가 죽었다고 가정해보자. 만일 줄리엣이 로미오를 정말 사랑했다면 그녀는 그가 간절히 원했던 독립의 꿈을 이루기 위해 이를 악물고 슬픔을 이겨내며 독립운동을 했을 것이다. 즉 그녀는 로미오를 진정으로 사랑했고, 그의 꿈도 사랑했기 때문에 죽음을 택하지 않는다. 공적인 목표를 실현하기 위해 살아갔던 누군가가 죽으면 그를 정말로 사랑했던 이들은 그를 따라 죽는 게 아니라 그가 이루고자 꿈을 실현하기 위해 더욱 분발한다. 진짜 사랑은 사람을 살게 하지 죽게 만들지 않는다.

누군가를 진정으로 사랑한다는 건 그의 몸뚱이가 아니라 그의 정신을 사랑하는 것이다. 즉 그가 품고 있던 숭고하고 아름다운 꿈, 그가 평생을 바쳐서라도 하고자 했던 일, 그가 사랑했던 모든 일을 사랑하는 마음이다. 사람은 죽더라도 그가 사랑했던 것들은 여전히 세상에 남아 있다. 그렇기 때문에 인간을 사랑하는 사람, 공적인 목표가 있는 사람은 동반 자살 따위는 하지 않는다. 로미오와 줄리엣이 동반 자살을 한 이유는 두 사람에게 공적인 목표가 없었기 때문이다. 공적인 목표가 없는 사람은 인간을 사랑하지 않는 사람이므로 그는 그 누구도 사랑할 수 없다. 만일 그가 누군가를 사랑한다면 그 사랑은 가짜 사랑이다.

로미오와 줄리엣처럼 연인 중에서 한 명이 죽자 상대를 따라 죽는 일도 있지만, 실연을 당하고 너무 상심해서 자살하는 경우도 있다. 괴테의 소설 《젊은 베르테르의 슬픔》의 주인공 베르테르는 실연을 당한 후 권총 자살로 생을 마감한다. 비록 자살하지는 않았지만, 조각가 로댕Auguste Rodin 을 짝사랑했던 카미유 클로델Camille Claudel 이 실연당한 후에 정신병에 걸려 비참하게 살아간 것처럼 실연을 극복하지 못하는 사람들도 있다. 이것은 본질적으로 연인 중에서 한 명이 죽으면 그 사람을 따라 죽는 사랑과 차이가 없다. 왜냐하면 실연의 아픔을 이겨내지 못한다는 건 그가 단 한 사람 외에는 누구도 사랑하지 못하는 사람, 사회적으로 고립되어 있으며 공적인 목표가 없는 사람이라는 점을 의미하기 때문이다.

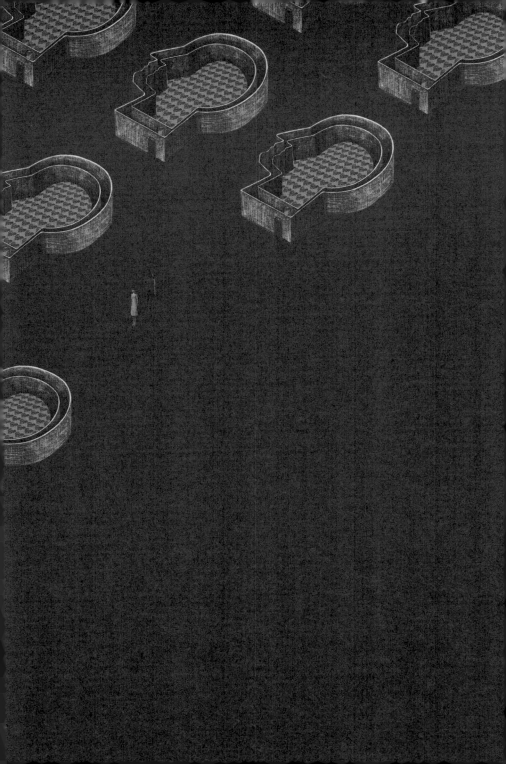

3부

진짜 사랑은 왜
사회개혁을 향하는가

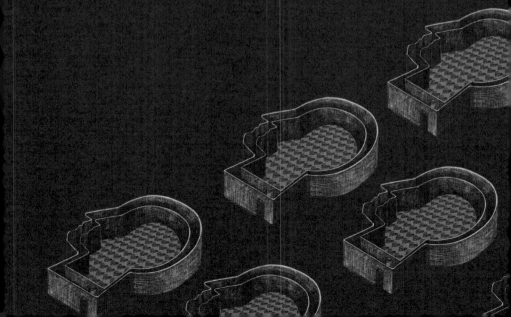

6장

진짜 사랑이란 무엇인가?

인간의 본성에는 사랑이 있다

인간에게 가장 중요한 것을 사랑이라고 해도 무방하다. 사랑이 이토록 중요한 까닭은 인간이 사회적 존재이기 때문이다. 인간은 지구상에 등장한 그 날부터 사회관계를 맺으며 단결하고 협력하는 방식으로 생존과 발전을 추구해왔다. 어떤 이들은 개인으로서의 인간이 탄생한 후 그 개인들이 혼자서 살기 어려워 사회나 국가를 만들었다고 주장한다. 그러나 이는 사실이 아니다. 인간은 태초부터 집단 단위로 사회를 만들었으며, 힘을 합쳐 자연으로부터 독립하여 동물과 구분되는 존재가 되었다. 인간이 세계를 지배하고 개조할 수 있었던 이유는 여타 동물의 무리와는 질적으로 차원이 다른 사회를 만들었기 때문이다.

보통 동물의 무리는 본능에 의해 관계를 맺는다. 본능으로 규정되는 동물 무리의 관계는 아무리 세월이 흘러도 바뀌지 않는다. 예를 들면 여왕개미, 병정개미, 일개미들의 관계는 수천 년이 흘러도 변하지 않는다. 반면 사람은 본능이 아니라 목적의식을 갖고 사회적 관계를 맺는다. 집을 짓기 위해서 집을 건설하기에 적합한 방식의 생산조직을 만들고, 전쟁을 하기 위해서는 전쟁 수행에 적합한 방식으로 군대를 조직한다. 그렇기 때문에 인간의 사회관계는 추구하는 목적에 따라 바뀌며 역사가 전진하면서 끊임없이 변화하고 발전한다.

계급사회가 등장한 이후에도 극소수의 지배층이 아닌 보통 사람들은 서로 협력하는 방식으로 살아왔다. 이 과정에서 발생하고 발전한 것이 바로 인간에 대한 사랑이다. 사랑, 특히 인간에 대한 사랑은 사람들이 건전한 인간관계를 맺도록 해주고, 하나로 단결하고 융합하게 해준다. 이런 맥락에서 철학자 솔로몬은 인간은 먼 옛날부터 하나(하나로 융합된 전체)로서 살아왔기에 다시 하나가 되어 살아가기를 바란다고 주장했다. 그는 사랑을 "다시 전체가 되려는 욕망"이라고 규정하면서 "우리는 결합하고자 한다. 그것은 누군가 다른 사람을 찾는 것이 아니라 우리 자신을 찾는 것이다."라고 말하기도 했다. 즉 사람들이 사랑을 갈망하는 이유는 인간이 되기 위해, 인간답게 살기 위해, 인간 본성에 맞게 살아가기 위해서라는 말이다.

안타깝게도 신자유주의적 자본주의 시대인 오늘날에는 사람들이 하나가 되어 살아가지 못한다. 오늘날 사람들은 하나(공동체)를 상실한 채 파편화되어 서로 치열하게 경쟁하면서 살아간다. 이 때문에 인간은 원래 이기적인 동물이라서 개인 간 경쟁에 기초하는 자본주의 사회가 인간의 본성에 가장 잘 맞는 이상적인 사회라는 궤변까지 유행하고 있다. 그러나 계속 강조했듯이, 인간은 신자유주의 시대 이전까지만 해도 서로 사랑하면서 하나로 뭉쳐 살아왔고 여전히 그렇게 살아가기를 바라고 있다. 단지 신자유주의적 자본주의가 그것을 불가능하게 만들고 있을 뿐이다.

요즘 유행하는 생존 게임처럼 사람 20명을 무인도에서 살게 만들면 그들은 서로 싸울까? 아니면 서로 사랑하면서 사이좋게 살아갈까? 대중 미디어는 개인이 살아남기 위해 타인을 공격하고 해치는 모습을 줄곧 묘사하지만, 그것은 단 한 명만 살아남을 수 있다는 혹은 단 한 명만 거액의 상금을 받고 나머지는 거지가 되어야 한다는 승자독식의 규칙을 강요한 결과일 뿐이다. 모두의 정신건강이 양호하고 특정한 규칙을 강요하지 않는다면 사람들은 백이면 백 서로 싸우기보다는 단결하고 협력하는 쪽을 선택한다. 그것이 생존에 더 유리할 뿐만 아니라 그들을 정신적으로 더 건강하고 행복하게 해주기 때문이다. 우리 민족은 생존 자원이 부족했던 과거에도 서로 싸우기보다는 단결하고 협력하는 방식으로 살아왔다. 그것을 가장 잘 보여주는 속담이 바로 '콩 한 쪽도 나눠 먹는다'이다.

사람은 본성적으로 사랑의 힘으로 하나, 혹은 우리가[2] 되어 살아가기를 바란다. 이상사회에 대한 꿈이 크게 퇴조한 현대에는 사람들이 더는 그것을 바라지 않는다고 생각할지도 모른다. 설사 그런 주장을 인정한다 해도, 오늘날 사람들이 건전하고 친밀한 인간관계를 간절히 원하고 있다는 사실까지는 부정하지는 못할 것이다. 인간관계 중에는 건전한 관계도 있고 불건전한 관계 혹은 병적인 관계도 있다. 지배-피지배 관계, 주인-노예 관계, 학대-피학대 관계, 착취-피착취 관계, 경제적 불평등 관계 등은 계급사회나 착취제도가 강요하는 반인간적이고 병적인 관계이다. 사람들이 원하는 것은 당연히 이런 관계가 아니다. 병적인 관계에는 사랑이 발을 붙이지 못한다. 병적인 관계는 사랑이 없는 관계 혹은 사랑을 불가능하게 만드는 관계이기 때문이다.

사람들이 절절히 바라는 관계는 사랑을 주고받으며 사랑으로 맺어지고 사랑으로 하나가 되는 관계이다. 사회적 존재인 인간은 사랑에 기초한 인간관계, 사회관계를 맺으면서 살아가기를 바란다. 사랑은 사람들을 서로 이어주는 역할, 하나로 만들어주는 역할을 한다. 다시 말해 즉 사랑은 사람들을 이어주는 관계의 끈이자 접착제다. 어떤 집단에 아버지, 어머니, 자식 등의 가족 관계가 있다고 해서 그 집단이 가족이 되는 것은 아니다. 부부가 서로 사랑하고 부모와 자식이 서로 사랑하고 자식들이 서로를 사랑해야만 가족이 될 수 있다. 즉 가족은 그 구성원들이 사랑이라는 접착제로 연결되고 관계를 맺으며 하나가 됨으로써 진짜 가족이 될 수 있다는 말이다. 이런 맥락에서 에리히 프롬은 사랑을 '인간을 타인과 결합시키는 힘'이라고 표현하기도 했다.

성숙한 '사랑'은 '자신의 통합성', 곧 개성을 '유지하는 상태에 있어서의 합일'이다. 사랑은 인간에 있어서 능동적인 힘이다. 곧 인간을 동료로부터 분리시키는 벽을 허물어버리는 힘, 인간을 타인과 결합시키는 힘이다. … 사랑에 있어서는 두 존재가 하나로 되면서도 둘로 남아 있다는 역설이 성립된다.[3]

행복한 관계의 열쇠, 공동체

지금까지 살펴보았듯 사랑은 사회적 존재인 사람의 본성에서 우러나오는, 인간에게 가장 중요한 마음이다. 사회적 존재인 사람은 사랑 없이 살아가는 삶을 견딜 수 없으며 그것을 가장 두려워한다. 사랑 없는 삶, 고립된 삶은 인간 본성에 반하므로 그런 삶에서는 삶의 의미를 찾지도 못한다. 타인, 나아가 세상과 사랑에 기초한 관계를 맺지 못하고 살아가는 사람은 행복해질 수도 없다.

행복에 관한 수많은 연구가 공통적으로 도달한 결론은 행복을 좌우하는 가장 큰 요인이 관계나 공동체라는 사실이다. 물론 여기에서 말하는 관계나 공동체는 사랑에 기초하고 있는 건전한 관계, 건전한 공동체이다. 이는 사랑이 행복의 필수 조건임을 의미한다. 사회적 존재인 사람에게 사랑은 너무나 중요하기 때문에, 사람들은 사랑이 불가능해지면 자신이 타인 나아가 세계와 관계를 맺지 못하고 있다고 느낀다. 아무리 아는 사람이 많고 다양한 인간관계를 맺고 있더라도 사랑을 주고받는 진짜 관계, 건강하고 친밀한 관계가 없으면 예외 없이 고립감이나 고독감에 시달리는 것은 이 때문이다.

신자유주의적 자본주의 사회에서 사람들은 사랑의 관계를 완전히 상실한 채 고립된 개인으로 전락했다. 고립된 개인에게 가장 중요하고 절실한 문제는 고립에서 벗어나는 것이다. 에리히 프롬은 고립 상태, 분리 상태를 극복해서 고독이라는 감옥에서 탈출하려는 요구가 인간의 가장 절실한 요구라면서 이 요구의 실현에 '절대적으로 실패할 때' 광기가 생긴다고 말했다.[4] 그는 사람들이 고립에서 벗어나 다른 사람들과 건전한 관계를 맺으려 하고, 다른 사람들과 하나로 융합되려는 욕망이 있다면서 그것을 가능하게 해주는 것이 바로 사랑이라고 주장한다.

대인간적 융합의 욕망은 인간의 가장 강력한 갈망이다. 그것은 가장 기본적인 열정이고 인류를, 집단을, 가족을, 사회를 결합시키는 힘이다. 이 요구를 만족시키지 못하면 발광 또는 파괴―자신의 파괴 또는 타인의 파괴―가 일어난다.[5]

프롬의 주장을 간단히 요약하면, 사회적 존재인 인간은 본성적으로 사랑으로 하나가 되어 살아가기를 강렬히 바라기 때문에 그것에 실패하여 고립 상태에 머물고 사랑이 불가능해지면 미치게 된다는 뜻이다. 사회적으로 고립된 사람들일수록 정신건강이 더 위태로우며 사이비 광신집단에 더 취약하다는 점은 이를 잘 보여준다. 사랑은 고립을 벗어나 모두와 하나가 되게 해주고 사람답게 살아갈 수 있게 해주는 유일한 길이다. 사랑은 낮은 차원에서는 건강하고 친밀한 관계를 맺으려는 욕망을 충족시켜주고 높은 차원에서는 타인들과 연결되어 모두가 하나가 되어 살아가고 싶은 욕망, 즉 에리히 프롬이 말하는 합일의 욕망을 충족한다.

사랑이란 귀중히 여기며 아끼는 마음

다수의 심리학 연구에 따르면 사랑은 심리적 안정감, 친밀감과 유대감, 자존감과 자신감, 만족감과 행복감과 비례관계에 있다. 사랑은 정신건강은 물론이고 전반적인 육체의 기능을 향상하고 질병으로부터의 회복력을 촉진하는 등 몸의 건강도 증진시킨다.[6]

사랑이 이렇게 중요함에도 사랑을 정의하는 일은 쉽지 않다. 그 주된 이유는 현실에서 사랑이 아주 다양한 의미로 사용되고 있기 때문이다. 일부 학자는 사랑을 이성 간의 사랑에만 국한하여 이해하거나 설명하는데, 이 역시 사랑을 정의하기 어렵게 만드는 원인 중 하나이다. 이성 간의 사랑은 사랑 중의 하나 혹은 일부분일 뿐이므로 이성 간의 사랑에 국한해 사랑을 정의하는 것은 잘못이다. 사람은 그 어떤 대상도 사랑할 수 있다.

《엣센스 국어사전》에서는 사랑을 "아끼고 위하는 따뜻한 인정을 베푸는 일 또는 그 마음"이라고 정의하고 있다. 이 정의에서 타당한 부분만 추려내 합치면 사랑은 '아끼고 위하는 … 마음'이다. 나는 사랑을 '어떤 대상을 귀중히 여기고 아끼며 위하는 마음'이라고 정의하는 것이 옳다고 생각한다. '어떤 대상'이라는 말은 사랑의 대상이 원칙적으로 무제한적이라는 점을 의미한다. 즉 인간은 그 어떤 것도 사랑할 수 있다. 그러나 인간이 사랑하는 대상은 인간에게 귀중한 대상이어야 한다. 다시 말해 인간은 자신이 귀중하게 여기는 대상을 사랑한다는 의미다. 인간은 자신에게 귀중한 대상을 당연히 귀중히 여기고 그 대상을 아껴주고 위해주는 마음을 가진다. 이것이 바로 사랑이다.

무엇이 귀중한가

그렇다면 사람에게 귀중한 것은 무엇일까? 달리 묻자면 사람이 어떤 것을 귀중하게 여기도록 만드는 요인은 뭘까?

그 요인은 요구, 욕망이다. 사람은 자신의 욕망에 기초해 대상을 대한다. 사람은 자신의 욕망을 실현하기를 원하기에 그 욕망의 실현에 도움이 되는 대상이나 조건 등은 귀중하게 여긴다. 반면에 자신의 욕망 실현을 방해하거나 좌절시키는 대상이나 조건 등은 귀중하게 여기지 않거나 증오한다. 돈 많은 사람을 욕망하는 사람은 부자를 귀중히 여겨 사랑하고, 예쁜 사람을 욕망하는 사람은 예쁜 사람을 귀중히 여겨 사랑한다. 세상을 개혁하고 싶다는 욕망이 있는 사람은 진보사상이나 세력을 귀중히 여겨 사랑하고 기득권을 유지하고 싶다는 욕망이 있는 사람은 보수 사상이나 세력을 귀중히 여겨 사랑한다. 이런 식으로 사람은 자신의 욕망 실현에 도움이 되는 귀중한 대상을 사랑한다.

이데올로기나 가치관 같은 신념 또한 그 주요 요인이다. 사람은 자신의 이데올로기나 가치관에 부합하는 대상은 귀중히 여겨 사랑하는 반면 그것에 부합하지 않는 대상은 사랑하지 않거나 증오한다. 물론 사람이 어떤 이데올로기, 어떤 가치관을 받아들이느냐 하는 문제는 주로 욕망으로 좌우된다. 그러나 일단 특정한 이데올로기 혹은 가치관을 받아들이고 나면 그 자체를 실현하려는 욕망이 발생하여 독립적으로 작용하므로 이데올로기나 가치관을 따로 언급할 필요가 있다. 환경보호주의 이데올로기를 가지고 있는 사람은 그 이데올로기에 부합하는 대상 혹은 그것을 실현하는 데 유리한 대상을 귀중히 여겨 사랑할 것이다. 예를 들면 그는 고급 종이로 만든 공책이 아니라 재활용 종이로 만든 공책을 귀중히 여겨 사랑할 가능성이 높다.

각자의 욕망은 다르므로 사람마다 사랑의 대상도 다르다. 그러나 현실에서 욕망은 사회의 영향을 크게 받기 때문에, 특정한 시기에 같은 사회에서 살아가는 사람들은 대부분 비슷한 욕망을 가지게 된다. 그 결과 특정한 사회에서 살아가는 사람들이 귀중하게 여기는 대상,

즉 사랑의 대상이 획일화된다. 오늘날의 한국은 돈이 인간 위에 군림하는 세상, 돈을 숭배하는 사회이다. 따라서 사람들 대부분은 돈을 사랑하며, 나아가 돈이 많은 사람 혹은 돈을 많이 벌 수 있는 사람을 사랑한다. 한국인들이 부자, 성공한 사람, 유명한 사람, 예쁜 사람을 사랑하는 이유는 그들이 곧 돈을 상징하기 때문이다. 에리히 프롬은 현대 자본주의 사회에서 살아가는 사람들이 진정으로 훌륭한 사람이 아니라 돈을 상징하는 유명인을 찬양하고 사랑한다고 개탄했다.

현대의 자본주의 사회에서는 찬양과 경쟁심을 환기시키는 사람은 뛰어난 정신적 능력을 제외하고는 모든 면을 갖추고 있다. 대중의 안목으로 본다면 아주 평범한 사람들에게 대상적 만족을 주는 사람들이다. 영화배우, 연예인, 칼럼니스트, 주요 기업이나 정부의 인사들―이러한 사람들이 경쟁의 모델이다. 이러한 기능을 갖게 된 그들의 자격은 대체로 그들이 뉴스 메이킹에 성공했다는 것이다.[7]

엄밀히 말하자면 사람들은 돈 자체를 사랑하는 게 아니다. 종잇조각에 불과한 돈은 그 자체로는 별로 귀중하지 않다. 그러나 자본주의 사회에서 돈은 온갖 욕망을 다 실현하게 해주는 강력한 도구이다. 돈은 생존의 조건이며 권력이나 사회적 지위를 갖게 해주고, 인기를 누리게 해주고, 존중 혹은 존경받게 해주고, 과시하거나 잘난체할 수 있게 해주고, 경제적 지원이나 선물을 주는 행위로 사랑을 얻도록 해주는 등 모든 욕망을 실현하게 해주는 강력한 도구이자 매개물로 기능한다. 그렇기 때문에 제일가는 사랑의 대상이 되는 것이다.

돈에 대한 사랑도 사랑은 사랑이다. 그러나 돈을 사람보다 더 귀중하게 여겨 사람이 아닌 돈을 사랑하는 행위는 가짜 사랑, 병적인 사랑이다. 이 세상에는 사람보다 더 귀중한 존재가 없는데, 사람이 아닌 다른 대상을 가장 귀중하게 여겨 사랑하는 것이기 때문이다. 그런 사랑은 필연적으로 인간의 귀중성과 존엄성을 부정하고 침해하게 되며 인간을 다른 대상을 사랑하기 위한 도구로 전락시킨다. 인간을 제외한 나머지 대상에 대한 사랑은 어떠한 경우에도 인간에 대한 사랑과 동격이 될 수 없다. 만일 어떤 대상에 대한 사랑이 인간에 대한 사랑보다 더 높은 위치에 놓여있다면 그 사랑은 가짜 사랑이다.

나보다 상대를 더 중요하게 여긴다면

사랑은 자기중심적이 아니라 대상중심적이다. 일단 어떤 대상을 귀중하다고 판단하면 사람들은 그 대상을 귀중하게 여기면서 아껴주고 위해주게 된다. 즉 사랑은 기본적으로 자신이 아니라 사랑의 대상과 관련이 있으며 그 대상에 의존하는 마음이다. 산을 사랑하는 사람은 산을 귀중하게 여기고 산불이 날까 봐 마음을 쓰며, 산에 떨어져 있는 쓰레기를 자발적으로 줍는다. 예술을 사랑하는 사람은 예술을 귀중하게 여기고 예술작품을 잘 보존하려 하며, 예술작품의 가치를 널리 알리려고 노력한다.

사랑이 시작되기 전에는 주체의 욕망이나 가치관이 주요한 역할을 하지만, 일단 사랑이 시작되고 나면 대상 혹은 대상의 귀중성이 더 중요해진다. 진심으로 무언가를 사랑하는 사람들이 그 대상이 위험에 처하면 자기의 목숨까지 바쳐가면서 그 대상을 지켜내곤 하는 이유는 이 때문이다. 이것을 가장 높은 수준에서 보여주는 것이 바로 공동체나 민족에 대한 사랑이다. 우리 역사에는 나라와 민족의 운명이 위태로워졌을 때, 나라와 민족을 위해 자기 목숨을 초개처럼 바쳤던 숱한 애국자들이 존재한다.

사랑의 대상중심성이라는 면에서 비춰보면 앞에서 살펴보았던 이기적인 사랑, 즉 계산적인 사랑이나 도구적인 사랑 등이 가짜 사랑임을 금방 알 수 있다. 나를 앞세우는 사랑, 나의 이익을 앞세우는 사랑은 사랑이 아니다. 자기 자신이 아니라 사랑의 대상이 너무나 귀중하여 그 대상을 우선시하고 앞세우는 것이 진짜 사랑이다.

사랑하는 대상의 본성을 알자

사랑의 대상에는 산이나 예술작품 같은 비생명체도 있고 생명체도 있다. 이 중 생명체는 인간을 제외한다면 선인장, 장미 같은 식물이나 개, 고양이, 앵무새 같은 동물을 예로 들 수 있다. 생명체에 대한 사랑은 비생명체에 대한 사랑과 질적으로 다르다. 비생명체는 생명이 없기에 자신만의 특성이 없지만, 생명체에겐 자기에게 고유한 본성이 있다. 이 때문에 양자의 사랑은 사랑의 대상을 귀중하게 여긴다는 점에서는 차이가 없지만 그 대상을 아껴주고 위해주는 방식에서는 질적인 차이를 보인다.

비생명체는 사람이 원하는 대로 아껴주고 위해주면 된다. 만일 수석을 사랑하는 사람이 일주일에 한번씩 돌 위의 먼지를 털고 물을 뿌려주기를 원한다면 그렇게 해도 문제는 없다. 자기 마음대로 아끼고 위해줘도 그것을 사랑이라고 부를 수 있다. 그러나 생명체에 대한 사랑은 경우가 다르다. 만일 개를 사랑한다면서 일주일에 한 번만 물이나 먹이를 주는 식으로 개를 아긴다면 그 개는 병들거나 죽게 된다. 생명체에게는 그 생명체에 특유한 본성이 있다. 물에서 살아야만 하는 본성을 가지고 있는 동물을 사막에서 키우면 죽게 되듯이, 생명체는 자기 본성대로 살지 못하면 정상적인 발달이나 성장을 할 수 없을 뿐더러 생존조차 힘들다.

따라서 어떤 생명체를 사랑한다는 것은 본질적으로 그 생명체의 본성을 사랑한다는 뜻이다. 생명체의 본성이란 어떤 생명체를 바로 그것이게끔 해주는 근본적인 성질이나 속성을 말한다. 만일 개가 개의 본성을 잃어버리면 그 개는 개가 아닌 다른 존재가 된다. 개를 개가 되게끔 해주는 근본적인 속성이 바로 개의 본성이다. 따라서 개를 사랑한다는 것은 본질적으로 개의 본성을 사랑하는 것이다. 누군가가 개를 사랑한다고 말하면서 개의 본성을 사랑하지 않는다면 그는 개를 사랑하는 게 아니다. 자신의 욕망을 충족시켜주는 도구라서 사랑하는 것일 뿐이다.

마르크스Karl Marx는 개에게 무엇이 필요한지 알려면 개의 본성을 알아야 한다는 취지의 말을 했다. 논의의 편의를 위해 일단 호랑이의 본성이란 육식을 하는 것이라고 가정해보자. 호랑이를 사랑하려고 하지만 호랑이의 본성을 모르는 어떤 사람이 채식이 건강에 더 좋다면서 호랑이에게 풀만 먹인다면 어떻게 될까? 호랑이는 미치거나 죽게 될 것이다. 이 때문에 마르크스는 호랑이가 무엇을 필요로 하는지 알려면 무엇보다 호랑이의 본성부터 알아야 한다고 강조했다. 같은 맥락에서 에리히 프롬은 어떤 대상을 사랑하려면 그 대상의 본성부터 알아야 한다고 주장했다. 호랑이를 아껴주고 위해주려면 무엇보다 호랑이가 자기 본성대로 살게 해주어야 한다. 따라서 호랑이를 사랑하려면 반드시 호랑이의 본성을 알아야 하고 그 본성을 가장 귀중히 여기며 사랑해야 한다.

어떤 생명체의 본성을 알지도 못하면서 그 생명체를 사랑하는 행위는 사랑이 아니라 죽음의 키스, 즉 가짜 사랑이다. 그 생명체가 자신의 욕망을 충족시켜주기 때문에 도구로서 사랑하는 것일 뿐이다. 비생명체를 도구적 사랑의 대상으로 삼는 것에 대해서는 윤리적 문제를 제기할 수 없으며 그 누구도 시비할 수 없다. 그러나 생명체를 도구적 사랑의 대상으로 삼는 행위는 그 생명체를 파괴하고 죽이므로 비윤리적이다.

평등은 인간에 대한 사랑의 기초

인간은 다른 모든 생명체와는 질적으로 다른 사회적 존재이며 이 세상에서 가장 귀중한 존재이다. 따라서 인간 이외의 대상에 대한 사랑과 인간에 대한 사랑 간에는 질적 차이가 있을 수밖에 없다. 물론 인간에 대한 사랑도 다른 대상에 대한 사랑과 공통점을 가진다. 하지만 인간에 대한 사랑에는 여타의 사랑들과는 구별되는 특징이 있다.

다른 대상을 사랑하는 것과 마찬가지로, 인간에 대한 사랑 역시 사랑의 대상을 귀중하게 여기는 데에 기초한다. 그렇지만 인간은 여러 가지 귀중한 존재들과 같은 급의 존재가 아니다. 인내천이라는 동학의 이념처럼 인간은 곧 하늘과도 같은, 세상에서 가장 귀중한 존재이다. 인간이 없으면 사랑도 없다. 인간을 배제하거나 부차적인 요소로 여기는 사랑은 있을 수 없다. 사랑은 어디까지나 인간이 하는 것이고 인간을 위해서 하는 것이기 때문이다.

인간에 대한 사랑은 인간도 귀중하다는 판단에 기초하는 사랑이 아니라, 이 세상에서 인간이 가장 귀중하다는 판단에 기초하는 사랑이다. 인간보다 더 귀중한 존재가 있다고 인정하는 건 인간 존엄성에 대한 침해이며 인간을 그 존재를 위한 도구나 수단으로 전락시키는 인간 학대이다. 예를 들어 인간보다 돈이 더 귀중하다는 판단은 돈을 위해서라면 인간을 도구로 이용하거나 희생시켜도 된다는 반인간적 견해로 이어지며, 이는 인간 존엄성을 파괴하고 침해하게 된다. 따라서 인간을 세상에서 가장 귀중한 존재로 여기지 않는 사랑은 가짜 사랑이 될 수밖에 없다.

인간에 대한 사랑은 인간을 가장 귀중한 존재로 여기는 데 기초하기 때문에 평등한 관계를 필수적으로 요구한다. 다른 대상을 사랑할 경우에는 특별한 전제조건이 필요 없다. 그러나 인간에 대한 사랑은 그렇지 않다. 만일 어떤 사람은 귀중하지만 다른 사람은 귀중하지 않다고 여긴다면 그것은 인간을 가장 귀중한 존재로 여기는 게 아니다. 예를 들면 엘리트 계층이나 부유층은 귀중하지만 서민은 그렇지 않다고 여기는 건 인간이 가장 귀중한 존재임을 부정하는 생각이자 서민을 인간이 아니라고 보는 견해이다. 인간이라는 개념은 전 인류를 포괄하는 개념이지 일부 사람들만 포함하는 개념이 아니다. 인간을 세상에서 가장 귀중한 존재로 본다는 것은 모든 인간을 차별 없이 대하며 모든 인간을 귀중하게 여긴다는 의미다.

따라서 불평등한 인간관계에서는 인간에 대한 사랑이 불가능하다. 불평등을 용인한다는 건 어떤 인간은 세상에서 가장 귀중한 존재이지만 다른 인간은 그런 존재가 아니라는 뜻이기 때문이다. 간혹 불평등한 관계에 있으면서도 서로를 사랑하게 되는 경우가 있다. 매우 드물기는 하지만 인류 역사에는 노예주 계급 출신과 노예계급 출신 사이의 사랑, 귀족계급 출신과 평민계급 출신 사이의 사랑, 자본가계급 출신과 노동자계급 출신 사이의 사랑이 존재했다. 이런 희귀한 사례들을 활용해 자본주의 사회는 불평등한 인간관계를 초월하는 사랑 이야기를 계속해서 생산하고 찬양하며 널리 퍼뜨린다. 그런 사랑 이야기가 현실의 계급적 불평등이나 모순을 은폐하는 데 유용하기 때문이다. 영화 〈러브 스토리〉나 한국 드라마에는 부잣집 도련님과 가난한 여성 사이의 사랑 이야기 혹은 그 반대 경우의 사랑 이야기가 빈번하게 등장한다.

그런데 이런 이야기에서조차, 불평등한 관계에 있던 남녀일지라도 일단 서로 사랑하게 되면 둘 사이에서는 언제나 평등한 관계가—그것이 실제의 평등이 아니라 정신적, 심리적 평등일지라도—실현된다는 사실을 확인할 수 있다. 예를 들면 한국 드라마에 등장하는, 평범한 여성을 사랑하게 된 부잣집 도련님은 그녀가 자기를 향해 깍듯하게 예를 표하면 "나한테는 그럴 필요 없어. 우리는 평등해. 나를 친구처럼 대해."라고 말할 것이다. 불평등한 관계는 사랑과 양립할 수 없기에 서로를 사랑하게 된 남녀는 적어도 둘 사이에서만큼은 불평등한 관계를 없애고 평등한 관계를 실현한다. 철학자 솔로몬은 이를 두고 "낭만적 사랑은 평등을 요구할 뿐만 아니라, 프랑스 낭만주의자 스탕달이 이야기하듯이, 평등을 '창조'하기도 한다."[8]고 말하기도 했다. 솔로몬은 낭만적 사랑이라고 말했지만, 인간에 대한 사랑의 전제조건이 평등이라는 점은 남녀 간의 이성적 사랑만이 아니라 모든 사랑에 해당한다.

따라서 인간을 사랑하는 사람은 당연히 평등한 세상을 원하게 된다. 인간을 사랑하는 사람이 필연적으로 평등을 추구하는 진보주의자가 되는 이유는 이 때문이다. 부처는 왕족 출신이었지만 인간을 사랑했기에 인간관계의 불평등을 용납할 수 없었고, 평등주의적 종교인 불교를 창시했다. 간혹 인간을 사랑하지 않는 사람이 진보주의자의 탈을 쓸 때도 있지만 그의 진보주의는 가짜여서 오래 가지 못한다. 인간을 사랑하지 않는 사람은 인간 이외의 것들만 사랑하거나 인간을 인간이 아닌 다른 존재로서 사랑하는데, 그런 가짜 사랑을 하기에는 불평등하고 병든 사회가 그만이다. 그렇기에 인간을 사랑하지 않는 사람은 불평등을 용인하거나 심지어 선호하는 보수주의자가 되는 것이다.

공적인 차원에서는 계급 간 불평등, 개인 간 불평등이 문제지만 사적인 차원에서는 심리적 불평등이 더 큰 문제일 수 있다. 현실에서는 똑같은 사회적 지위, 똑같은 수입, 똑같은 학력을 갖추고 있어 평등한 인간관계를 맺어 마땅해 보이는 두 사람이 불평등한 관계를 맺는

경우가 있다. 즉 객관적으로는 평등하지만 심리적, 주관적, 사적으로
는 불평등한 관계인 경우가 있다는 말이다. 두 사람 중 한쪽이 노예
의식을 가지고 있다면 불평등한 관계를 면할 수 없고 그 결과 서로를
사랑할 수 없게 된다. 에리히 프롬이 "내가 자립할 수 없기 때문에 다
른 사람에게 집착한다면, 그나 그녀는 생명을 구조하는 자이기는 하
지만 그 관계는 사랑의 관계가 아니다."[9]라고 말하면서 자립성 혹은
독립성을 반복적으로 강조했던 이유는 그것의 부재가 필연적으로 불
평등한 관계를 초래해서다.

"나는 아무것도 아니야. 나 혼자서는 아무것도 할 수 없어. 저 사람
한테 어떻게든 기대야 해." 이런 생각이 전형적인 노예의식 혹은 의
존심리이다. 상대를 지배하면서 노예처럼 부리는 사람이 상대를 사
랑할 수 없듯 자기 자신을 믿지 못해서 상대에게 의존하는 사람도 상
대를 사랑할 수 없다. 만일 이 두 사람이 사랑을 한다면, 그들은 불평
등한 관계를 맺게 되므로 서로를 도구로 이용하는 이기적인 사랑을
할 수밖에 없다. 지배자는 상대를 지배욕이나 우월적 쾌감을 충족시
키는 도구로 이용하고 노예는 상대를 자신의 두려움이나 무력감을
방어하기 위한 도구로 이용한다.

사랑은 상대의 인간 본성을 귀중하게 여기고 그것을 아끼는 마음
이며, 이런 사랑을 하려면 인간의 본성이 무엇인지 알아야 하고 사랑
하는 능력이 있어야 한다. 의존적인 사람, 노예의식에 찌든 사람한테
는 사랑의 능력이 없다. 가장 중요한 인간 본성인 자유를 추구하는

속성조차 상실한 사람이 다른 사람을 귀중히 여기고 아껴주기란 불가능하다.

원인이 무엇이든 간에 심리적으로 불평등한 관계에 놓이면 사랑은 삐걱댈 수밖에 없다. 예를 들어 상대의 사랑을 잃을까 봐 저자세로 일관하며 상대의 비위를 맞추는 관계에 진정한 사랑이 들어설 자리는 없는 것이다. 진짜 사랑을 위해선 실제적인 평등은 물론이고 심리적인 평등까지 실현해야 한다.

사랑받기를 기대하지 않고 사랑하기

인간에 대한 사랑도 다른 대상에 대한 사랑과 마찬가지로 대상중심적인 사랑이다. 대상중심성은 생명체에 대한 사랑에서 필수지만, 인간에 대한 사랑에서 특별히 더 중요하다. 사람들은 일단 어떤 인간을 귀중하다고 판단하면 그를 사랑하게 된다. 이 시점부터 사람들은 자신을 우선시하거나 자신의 이익을 내세우지 않는다. 사랑의 대상인 상대의 안전과 안녕, 생존과 발전, 행복 등을 바라게 되며 그것을 위해서라면 자기희생까지 불사한다. 만일 상대를 중심에 두고 사랑하지 않는다면 그것은 자신의 이익이나 욕망을 위한 사랑이므로 이기적인 사랑, 도구적인 사랑이다.

일반적으로 사람들은 비생명체 혹은 식물이나 동물을 사랑할 때 그 대상이 자기를 사랑해주기를 기대하지 않는다(사실 식물이나 동물은 인간을 사랑할 수도 없다. 사랑은 인간에게만 고유한 것이기 때문이다). 반면 인간을 사랑할 때에는 상대도 자신을 사랑해줬으면 하는 기대를 가진다. 이때 그런 기대가 과도하지 않다면 정상적인 감정이다. 그러나 그런 기대가 과도하거나, 앞에서도 언급했듯이 사랑을 되돌려받는 것이 사랑하기의 목적이어서 상대가 사랑을 되돌려주지 않는다고 화를 낸다면 그것은 가짜 사랑이다.

어떤 연예인을 사랑하는 사람이 있다고 해보자. 만일 자신이 그 연예인을 사랑하니까 당연히 그 연예인도 자기를 사랑해주어야 마땅하다고 기대한다면, 나아가 그런 기대가 무산되었다고 해서 화를 낸다면 그것이 사랑일까? 상대를 진정으로 사랑하는 사람은 사랑을 되돌려받아야 한다는 기대를 거의 가지지 않는다. 부모는 자식한테 매일 밥을 먹이지만 나중에 그것을 되돌려받을 생각으로 먹인 밥의 양을 장부에다 기록하지 않는다. 이처럼 진짜 사랑은 원칙적으로 내가 상대를 사랑하는 것일 뿐 상대가 나를 사랑하는지의 여부와는 무관하다.

사람답게 산다는 말의 의미

인간에 대한 사랑은 본질적으로 인간 본성에 대한 사랑이다. 인간이 본성에 맞게 살아야만 생존하고 성장할 수 있으며 삶의 의미를 찾고 행복해질 수 있다면 인간에 대한 사랑이란 인간 본성에 대한 사랑이어야 한다. 인간의 본성이 무엇인지 알지 못해서 그것을 귀중히 여기지 못한다면, 이 경우는 인간을 사랑하는 게 아니다. 그런 사랑은 인간이 인간이라서 사랑하는 것, 인간을 인간으로서 사랑하는 것이 아니다. 인간을 인간이 아닌 동물적 존재로서 사랑하는 것이고 자신의 욕망을 충족하기 위한 도구로서 사랑하는 것이다.

인간은 단순한 생명체가 아니다. 인간은 육체적 생명만이 아니라 사회적 생명도 가지고 있는 사회적 존재이다. 이 중 인간에게 더 중요한 건 사회적 생명이다. 따라서 인간은 사회적 생명체의 본성에 맞게 살아야만 생존과 성장이 가능하다. 이런 맥락에서 에리히 프롬은 사랑을 "사랑하고 있는 자―사랑의 대상인 인간을 의미한다―의 생명과 성장에 대한 우리들의 적극적인 관심"[10]이라고 표현하기도 했다. 오늘날 많은 사람이 삶의 의미를 상실한 채 불행하게 살아가는 까닭은 그들이 본성대로 살지 못해서다. 한국인들은 먼 옛날부터 인간 본성에 맞게 사는 것 혹은 본성을 실현하면서 사는 것을 '사람답게 산다'라고 표현해왔다.

사회적 존재인 인간의 본성은 사랑으로 타인과 하나가 되고, 세상의 주인으로서 자유롭게 자주적으로 살아가며, 세상에 기여하는 생산적이고 창조적인 활동을 하는 것이다.[11] 따라서 인간 본성을 귀중히 여기고 그것을 사랑한다는 의미는 이웃을 사랑하면서 이웃들과 하나가 되어 살아가고, 불의에 맞서 사회를 개혁하기 위해 싸우며,

사회에 기여하는 활동을 하면서 살아가도록 다른 사람을 지지하고 격려해준다는 뜻이다. 동시에 누군가가 인간 본성에 맞지 않는 삶을 살아가면 비판도 하고 이끌어주기도 하는 것이다. 이는 인간본성에 대한 사랑이란 상대를 무조건 감싸고 도는 가짜 사랑과는 아무 관련이 없으며 오히려 정반대라는 점을 보여준다.

한국에는 자식이 불의에 저항하지 않도록 교육하는 게 자식 사랑이라고 착각하는 부모들이 있다. 자식이 왕따 당하는 친구 얘기를 하면 "너 괜히 끼어들지 마라. 너까지 왕따 당하면 어떡하냐."라며 훈계하고, 자식이 부당한 현실을 바꾸기 위해 데모라도 하면 "그러다가 나중에 밥 굶는다." "모난 돌이 정 맞는다."라고 말하며 말린다. 이런 부모는 자식이 불의에 저항하면 이런저런 피해를 보게 될 것만 생각하지 불의를 묵인하거나 회피하면 정신건강이 파괴된다는 점은 고려하지 못한다. 인간의 본성은 비굴하고 비겁하게 사는 것이 아니라 인간(나 혼자만이 아닌 만인)의 자유를 위해 용감하게 싸우면서 사는 것이다. 그렇게 살지 못하면 사람은 점점 더 무력해지고 비겁해져서 결국에는 노예 같은 삶을 살게 되고 그 과정에서 정신은 황폐해진다. 자신의 비겁함을 좋아하거나 자랑스러워할 사람은 아무도 없기에 심한 자기혐오에도 시달린다.

진짜 사랑이 인류애로 이어지는 이유

탈무드에는 "한 생명을 구한 자는 말하자면 전 세계를 구한 것과 같다. 한 생명을 파괴하는 자는 말하자면 전 세계를 파괴하는 것과 같다."[12]라는 말이 나온다. 이 말을 사랑이라는 관점에서 해석하면 "한 인간을 사랑하는 자는 인류를 사랑하는 자이다. 한 인간조차 사랑하지 못하는 자는 그 누구도 사랑하지 못한다."라는 뜻이 된다. 인간에 대한 사랑은 그 범위가 무제한적이다. 다시 말해 인간에 대한 사랑은 곧 모든 인간에 대한 사랑이다. 산을 사랑한다면서 관악산만 사랑하고 도봉산은 사랑하지 않는다면 그는 산을 사랑하지 않는 사람이다. 개를 사랑한다면서 셰퍼드만 사랑하고 진돗개는 사랑하지 않는다면 그는 개를 사랑하지 않는 사람이다. 마찬가지로 인간을 사랑한다면서 자기 가족만 사랑하고 이웃은 사랑하지 않는다면 그는 인간을 사랑하지 않는 사람이다. 단 한 명의 인간이라도 사랑할 수 있다면 모든 인간, 즉 인류를 사랑할 수 있다. 이와 관련해 에리히 프롬은 다음과 같이 말했다.

만일 내가 어떤 사람에게 '나는 당신을 사랑한다'고 말할 수 있다면, '나는 당신을 통해 모든 사람을 사랑하고 당신을 통해 세계를 사랑하고 당신을 통해 나 자신도 사랑한다'고 말할 수 있어야 한다.[13]

물론 특정한 인간을 사랑하는 데에는 인간 자체를 사랑하는 마음에 더해 그만이 가지고 있는 개성적인 특징들에 대한 사랑도 포함된다. 그러나 이 경우에도 그 감정은 어디까지나 그가 인간이라서 사랑하는 데에 기본을 둔다. 인간을 가장 귀중히 여겨 인간을 사랑하는 사람은 당연히 모든 인간을 사랑할 수 있고 또 사랑하며, 그렇기에 인간에 대한 사랑은 그 범위가 무제한적이라고 말하는 것이다. 반면에 인간을 자신의 욕망이나 이익을 충족시켜주는 유용한 도구로서 사랑하는 사람은 사랑의 범위가 좁다. 나쁜 사람을 향해 흔히 사람들은 "저 놈은 자기 자식만 사랑한다."고 욕을 하기도 하는데, 이 말은 엄밀히 따지자면 잘못이다. 자식만 사랑하는 사람은 인간을 사랑하지 못하는 사람이며, 자식에 대한 그의 사랑은 인간에 대한 사랑, 인간으로서의 자식에 대한 사랑이 아니기 때문이다.

따라서 인간을 인간으로서 사랑하지 못하는 사람은 그 누구도 사랑할 수 없는 사랑의 무능력자다. 이들은 타인은 물론이고 자기 자식, 심지어는 자기 자신조차 사랑하지 못한다. 자신 역시 인간이기 때문이다. 반면에 인간을 사랑하는 사람은 자기 자식은 물론이고 이웃들과 인류를 사랑한다. 나아가 그는 자기 자신도 사랑할 수 있으며 당연히 사랑한다. 사람들은 흔히 이기주의자를 자기 자신만 사랑하는 사람이라고 말하지만, 사실 그는 인간을 사랑하지 못하는 사람이라서 자기 자신도 사랑하지 못한다. 자기를 귀중한 존재로 여기지 않기 때문에 이기주의자는 인간이 아닌 돈이나 소유물만 사랑하거나 타인으로부터 사랑을 받는 것에만 집착한다.

인간을 사랑하는 사람은 모든 인류를 사랑한다고 말하면, 어떤 이들은 "그러면 극악무도한 악당이나 범죄자도 사랑한다는 것이냐?"고 반문하기도 한다. 당연히 그런 인간들을 사랑하는 건 불가능하다. 그들은 인간 본성을 거의 상실한 인간이자 인간을 괴롭히고 해치는 인간이며, 따라서 인간이라고 볼 수 없다. 호랑이가 호랑이의 본성을 상실하면 그 호랑이는 이미 호랑이가 아니듯, 마찬가지로 인간의 본성을 상실하면 그 인간은 인간이 아니다. 물론 누군가가 인간 본성을 상실했느냐의 여부는 매우 신중하게 판단해야 한다. 그러나 현실에는 그렇게 판단할 수밖에 없는 인간들이 존재한다. 절대다수의 백성들을 가혹하게 탄압하고 착취하는 지배층이 그 예다.

인간을 사랑하는 사람은 본성을 상실한 인간이 아닌 한 그 어떤 인간이라도 사랑할 수 있고 실제로 사랑한다. 그러나 그는 인간 본성을 상실한 사람은 사랑하지 않으며 오히려 증오한다. 그들은 단순히 인간이 아닌 존재가 되는 데에 그치지 않고 인간에게 해를 끼치는 반인간적인 존재가 되기 때문이다. 한국인들은 전통적으로 그런 인간들을 "사람 같지 않은 놈", "인간 같지 않은 놈", "짐승 같은 놈", "짐승만도 못한 놈"이라고 비판해왔다.

사랑은 성장의 원동력이다

사랑이 가지고 있는 중요한 특징 중 하나, 혹은 사랑이 초래하는 긍정적인 결과 중 하나는 성장이다. 사랑은 사랑을 받는 사람뿐 아니라 사랑을 하는 사람도 성장시킨다. 인간은 사랑으로 서로의 성장을 촉진하여 계속해서 성장해나가는 존재다.

일반적으로 비생명체에 대한 사랑은 사랑을 하는 주체인 사람은 어느 정도 성장시키지만, 사랑의 대상은 성장시키지 않는다. 사람이 어떤 돌을 사랑한다고 해서 사랑을 받은 돌이 더 커지거나 더 예뻐지는 건 아니다. 반면에 생명체에 대한 사랑은 사랑을 하는 주체인 사람만이 아니라 사랑의 대상인 생명체의 성장도 촉진한다. 새끼 고양이를 입양하여 사랑하는 사람은 그 고양이를 키우면서 정신이 더 건강해지고 성숙해질 수 있으며, 사랑을 받는 새끼 고양이 역시 쑥쑥 성장할 것이다.

사랑의 주체와 대상을 모두 성장시키는 효과가 가장 극적으로 나타나는 것은 뭐니뭐니해도 인간에 대한 사랑이다. 동물은 오직 육체적 성장만 가능한 존재다. 아무리 고양이를 사랑해도 그 고양이는 성체가 되고 나면 그 이상 성장하지 않는다. 그러나 사람은 육체적 성장뿐 아니라 정신적 성장을 하는 존재이며, 후자의 성장이 더 중요하다. 어떤 인간을 아무리 지극정성으로 사랑하더라도 그는 일정 시점 이후부터는 육체적으로 성장하는 게 아니라 노화하고 죽어간다. 그러나 사랑은 인간의 정신을 끝없이 성장하게 해준다. 사랑이 인간을 성장시킨다는 뜻은 기본적으로 사랑이 인간의 정신, 인격을 성장시킨다는 의미다.

먼저, 인간에 대한 사랑은 사랑을 하는 주체를 성장시킨다. 사람은 자신의 능력과 잠재력을 총동원하여 사랑의 대상을 아껴주고 위해주는데, 그 과정에서 정신적 수준이 더욱 높아진다. 이런 성장은 노동이나 창조 활동을 하는 과정에서 정신 능력이 향상되는 것과 같은 이치다. 특히 인간에 대한 사랑은 본질적으로 상대의 인간 본성을 귀중히 여기고 아껴주며 위해주는 일이기 때문에 사랑을 하면 할수록 자신의 인간 본성도 더욱 강화하고 발전한다. 그리하여 인간을 사랑하는 사람은 사랑하면서 더 인간다운 인간으로 성장하게 된다. 본성적인 욕망이 충족되면서 정신건강이 나아지기도 한다. 인간에 대한 사랑은 사랑의 욕망, 관계에 대한 욕망, 우리(하나)가 되기를 바라는 욕망, 자존의 욕망 등을 충족시켜주는 반면 외로움, 고립감, 고독감, 무가치감 같은 부정적인 감정을 최소화해주기 때문이다.

인간에 대한 사랑은 사랑의 대상 또한 성장시킨다. 이런 모습을 극적으로 보여주는 사례는 아마 부모의 자식 사랑일 것이다. 부모한테서 사랑을 듬뿍 받은 아이는 심신이 건강하고 우수한 능력을 지닌 사회적 존재로 성장한다. 부모가 자식을 인간으로서 사랑해주면 그 자식이 훗날 악인이 된다거나 정신건강이 나빠질 가능성은 없다고 단언할 수 있을 정도로 사랑의 위력은 막강하다. 성인을 대상으로 하는 사랑 역시 그를 성장시킨다. 인간에 대한 사랑은 곧 상대의 인간 본성을 사랑하는 것이기 때문에 필연적으로 상대의 인간 본성을 강화한다. 그리하여 사랑의 대상은 과거보다 더 자유로운 인간, 사랑하면서 살아가는 인간, 생산적이고 창조적인 활동을 하는 사람, 공익을 추구하는 사람으로 성장해 나간다.

사람은 누군가가 자신을 사랑해주면 그 은혜에 보답하려고 한다. 그렇기에 사랑을 받은 사람은 자신을 사랑하는 상대를 실망하게 하지 않기 위해 더 바르게 살아가려고 하며, 더 훌륭한 사람이 되려고 노력한다. 한마디로 상대의 사랑이 자신의 성장 동기로 작용한다는 것이다. 이와 관련해 심리학자 르완도스키는 과분한 평가에 걸맞는 사람이 되기 위한 노력이 사랑을 받는 사람을 더 나은 사람으로 만들어준다고[14] 말하기도 했다.

마지막으로, 인간에 대한 사랑은 사람들을 사랑으로 연결해주고 궁극적으로는 하나가 되게 해주어 인간을 성장시킨다. 사람은 고립되어 있으면 세상을 보는 시야가 개인 범위로 좁아지며 이기적으로 변할 가능성이 커진다. 인간에 대한 사랑은 사람이 개인적 고립을 벗어나 타인들, 사회와 연결되고 궁극적으로 모두가 하나가 될 수 있게 해준다. 이는 사랑이 사람들을 개인적인 차원에서만 성장시키는 것이 아니라 그들을 연결시키고 집단화(우리화)시켜 당당한 사회역사의 주체로 성장시키는 역할을 담당한다는 것을 의미한다.

역사를 나아가게 만드는 힘

인간이라는 개념은 하나의 개인을 지칭하는 게 아니다. 그것은 지구상에 있는 모든 인간을 지칭하는 추상적이고 집단적인 개념이다. 사람들은 흔히 인간을 세상에서 가장 위대한 존재이자 세상 만물의 주인이라고 말한다. 그러나 이는 한 개인이나 몇몇 인간을 두고 하는 말이 아니다. 개인으로서의 인간은 위대한 존재나 세상의 주인이 아니라 힘없고 나약한 존재일 뿐이다. 인간은 사랑의 힘으로 개인이 아닌 집단적 존재, 즉 모두가 하나가 되었을 때 비로소 위대해진다. 사랑은 사람들을 연결하고 모두를 하나로 만들어주어 인간을 힘없고 나약한 개인에서 벗어나 위대한 존재로 성장하도록 해준다. 인간이 서로를 더 사랑할수록, 인간을 사랑하는 사람이 많아질수록 세상을 바꾸는 인간의 힘과 능력도 성장한다. 이것이 바로 사회역사의 진보에서 사랑이 차지하는 역할이다.

나는 인간을 사랑하지 못하는 사람은 인간만이 아니라 그 무엇도 사랑할 수 없다고 생각한다. 인간을 사랑하지 못하는 사람은 인간인 자기 자신을 사랑하지 못한다. 자기 자신조차 사랑하지 못하는 사람이 과연 그 무엇을 사랑할 수 있겠는가. 인간을 사랑하지 못하는 사람은 타인, 즉 사회와의 연결이 끊어진 채 고립된 개인으로서 살아간다. 아무도 사랑하지 못하는 고립된 개인이 공동체나 인류의 안위를 걱정하기란 불가능하다. 그에게 남은 건 오직 개인 이기주의적 욕망뿐이라 그는 그 무엇도 사랑할 수 없다. 즉 인간을 사랑하지 못하는 사람은 이기적이고 도구적인 사랑 같은 가짜 사랑밖에 할 수 없다는 것이다.

요즈음 한국에서는 반려동물을 사랑하는 인구가 급증했다. 물론 반려동물에 대한 사랑 자체는 아무 문제가 없고 오히려 권장할 만한 일이기도 하다. 그러나 인간을 사랑하지는 못하면서 반려동물만 사랑한다면 그것은 가짜 사랑이다. 인간에 대한 사랑은 다른 모든 사랑을 가능하게 해주는 사랑의 기초다. 인간을 사랑할 수 있어야만 인간인 자기 자신을 사랑할 수 있고 타인을 사랑할 수 있으며, 인간들이 살아가는 지구도 사랑할 수 있고, 인간의 벗인 동물도 사랑할 수 있다. 세상에서 고립된 채 살아가는 개인 이기주의자가 반려동물을 아끼고 위해주는 건 불가능하다. 인간은 사랑하지 못하면서 반려동물

만 사랑하는 사람은 그 반려동물이 자신의 욕망이나 이익을 충족시
켜주기 때문에 사랑한다. 즉 그의 사랑은 이기적, 도구적 사랑이지
진짜 사랑이 아니다.

사랑이 불러일으키는 자연스러운 욕망

'어떤 대상을 귀중히 여기고 아끼며 위하는 마음'인 사랑은 다양한 심리 현상으로 표현되는데, 그 대표적 예시는 욕망과 감정이다. 이 중 사랑의 욕망, 즉 어떤 대상을 귀중히 여기고 아끼며 위하려는 욕망은 특정한 시점과 조건 속에서 구체적이고 다양한 욕망으로 표현된다. 그 대표적인 예시는 다음과 같다.

첫째, 사랑의 대상에 주의나 관심을 집중하려는 욕망이다. 사람들은 어떤 대상을 사랑하게 되면 그 대상에 주의를 집중하며 관심을 기울인다. 어떤 이성을 사랑하는 사람은 온종일 그 이성에 대해서만 생각하고, 어떤 영화배우를 사랑하는 사람은 그 배우에 대한 정보를 열심히 조사하고 그가 출연하는 영화를 찾아서 줄기차게 보기도 한다. 이런 욕망은 사랑을 시작하는 초기 단계에서는 쉽게 의식될 수 있지만, 본격적으로 사랑을 하는 단계에서는 잘 의식되지 못하는 편이다.

둘째, 사랑의 대상과 유사해지려는 혹은 비슷해지려는 욕망이다. 사랑하는 대상과 유사해지려는 욕망은 사랑의 욕망 중에서도 다소 초보적인 욕망 혹은 나이가 어린 시기에 전형적으로 나타나는 욕망이다. 사람들은 자신이 사랑하는 사람처럼 되고 싶어 한다. 유명 연예인의 외관을 모방하거나, 유명 지식인이 쓴 책을 읽거나 그의 강의를 들어서 그와 유사한 정신세계를 갖기를 원하는 게 그 예다. 사람들은 이런 욕망으로 인해 사랑하는 대상에게서 자기와의 공통점, 유사점을 찾으려고 하거나("너, 보면 볼수록 나하고 정말 비슷하구나!") 적극적으로 유사성을 만들어나가기도 한다(커플 반지를 끼고 커플 티셔츠를 사서 입는다).

셋째, 사랑하는 대상에 접근하고 접촉하려는 욕망이다. 사람들은 사랑하는 대상에 신체적으로나 심리적으로나 가까이 다가가려 한다. 고향을 사랑하는 사람은 고향에 거주하거나 고향을 자주 방문하려고 한다. 개를 사랑하는 사람은 개에게 다가가려 하고 개를 만지거나 쓰다듬으려고 한다. 어떤 사람을 사랑하는 사람은 그에게 가까이 다가가려 하고 그의 어깨를 건드리거나 무릎 위를 치는 등으로 신체접촉을 하려고 한다. 이런 접근과 접촉의 욕망은 온라인상에서는 사랑의 대상에게 빈번하게 문자를 보내거나 그의 SNS를 들여다보는 행동으로 표현될 수도 있다.

넷째, 사랑하는 대상과 자신을 동일시하고 일체화하며 하나로 융합하려는 욕망이다. 사랑의 대상과 비슷해지려는 욕망이 한층 발전하면 그 대상과 자기를 동일시하는 욕망으로 발전한다. 영화를 보면서 자신을 주인공과 동일시해 주인공과 희노애락을 같이하듯이 사람들은 사랑하는 대상이 잘 되면 마치 자기 일처럼 기뻐하는 반면 사랑하는 대상에게 나쁜 일이 생기면 자기 일처럼 괴로워한다.

사람들은 사랑의 대상과 일체화되거나 하나로 융합하기를 바란다. 사랑은 나와 너의 구별을 약화시켜 상대에게 쉽게 공감하도록 해주며 상대와 혼연일체를 이루게 해준다. 이런 의미에서 사랑은 하나가 되어 살아가려는 인간의 사회적 본성을 반영한 가장 고상한 마음이라고도 할 수 있다. 사랑하는 대상과 육체적으로, 정신적으로 융합되려는 욕망은 이성과의 관계에서는 신체적인 혹은 성적인 접촉을 통해 하나가 되려는 욕망으로 표현되기도 하고, 정치인과의 관계에서는 그가 이끌고 있는 정당에 가입하는 등으로 표현되기도 한다.

다섯째, 사랑하는 대상을 미화하고 존경하려는 욕망이다. 사랑은 어떤 대상이 귀중하다는 판단에 기초한다. 어떤 사람을 사랑한다는 것은 그의 가치나 존엄 등에 대한 높은 평가에 기초한다. 이 때문에 자연히 사람들은 자신이 사랑하는 사람을 미화하거나 존경하게 된다. 사랑하는 사람을 미화하고 존경하려는 욕망은 상대를 객관적으로 평가하지 못하게 만들 수 있다. 즉 실제 이상으로 높게 평가할 위험이 있다는 말이다. 이런 욕망이 과도하면 이성에 대한 사랑에서는 눈먼 사랑을 낳고, 종교인이나 정치인에 대한 사랑에서는 맹목적인 지지를 초래한다.

여섯째, 사랑하는 대상의 성장과 행복을 바라고 그것에 기여하려는 욕망이다. 사람은 사랑의 대상이 성장하여 더 아름다워지고 훌륭해지기를 바란다. 자연을 사랑하는 사람은 환경이 잘 보호되어 자연이 더 깨끗해지고 더 아름다워지기를 바란다. 누군가를 사랑하는 사람은 그와 관련이 있는 모든 일이 잘되기를 바라고 그가 가장 아름답고 훌륭한 사람이 되기를 바란다. 예를 들면 어떤 작가를 사랑하는 사람은 그가 집필하고 출간하는 책이 베스트셀러가 되기를 바라며 그가 더 뛰어나고 훌륭한 글을 쓰는 작가로 성장하기를 바라게 된다. 사랑의 대상이 사람인 경우, 그가 안전하고 평안한 것을 넘어 행복해지기를 바란다. 이런 점에서 "행복하세요!"라는 인사는 사랑의 마음을 잘 표현하고 있는 인사다.

사람들은 단순히 자신이 사랑하는 대상의 성장과 행복을 바라는 것을 넘어서서 자신이 그것을 위해 적극적으로 도움을 주거나 기여할 수 있기를 원한다. 이런 욕망은 사랑의 대상을 위해 희생하고 헌신하려는 욕망을 유발한다. 사랑하는 대상의 성장과 행복을 바라는 욕망이 과도할 경우 그것은 사랑의 대상을 실제 이상으로 과장하고 미화하게 만드는 하나의 원인으로 작용할 수도 있다.

일곱째, 사랑하는 대상을 위해 헌신하려는 욕망이다. 사람들은 사랑하는 대상을 위해 기꺼이 자기희생을 감수하려고 하고 자기의 모든 것을 다 바쳐 헌신하기를 바란다. 사람들은 사랑의 대상과 관련해서는 절대로 주판알을 튕기며 계산을 하지 않는다. 사랑은 그 어떤 대가도, 보수도 바라지 않고 사랑하는 대상을 위해 자기의 모든 것을 다 바치려는 열렬한 희생성과 헌신성을 낳기 때문이다. 이는 앞에서 비판한, 상대방의 자율성을 침해하는 자기중심적 희생과는 다르다. 누군가를 사랑하는 사람은 그를 위해 자신의 전 재산을 아낌없이 바칠 수 있고, 민족을 사랑하는 사람은 민족을 위해 한평생을 헌신하며 필요하다면 목숨까지 바친다.

진정한 사랑의 감정이란

사랑의 마음은 다양한 사랑의 욕망으로 표현되고 그런 욕망은 사랑의 감정을 불러일으킨다. 사랑의 마음은 사람에게 사랑의 감정을 체험하게 만들고, 그런 감정이 사랑을 하려는 욕망을 유발하기도 한다. 이렇듯 사랑의 욕망과 사랑의 감정은 서로를 촉진하고 강화하는 상호작용을 한다.

사랑의 마음은 어떤 대상을 귀중하다고 판단하는 것에 기초한다. 그렇기에 사람들은 귀중한 대상을 대할 때 사랑의 감정을 체험하게 된다. 사랑의 감정이란 귀중한 대상과 관련해 체험하는 순결하고 열렬한 정서 혹은 감정이라고 정의한다. 사랑은 귀중한 대상, 즉 인간의 요구나 욕망을 실현해주는 대상을 접했을 때 그것을 귀중히 여기며 아끼고 위해주는 순결하고 열렬한 정서로 체험되는 흥분적인 감정이다. 인간에게 가장 중요한 게 사랑인 만큼 사랑의 감정은 인간이 체험하는 여러 감정 중에서 가장 중요한 감정이라고 할 수 있다.

사랑의 감정은 그 의미의 범위에 따라 두 가지로 구분된다. 넓은 의미에서 사랑의 감정은 주위세계의 사물현상, 특히 인간과 인간의 생활에 대한 욕망과 관련된 감정이다. 이런 넓은 의미에서의 사랑의 감정에는 민족과 국가에 대한 사랑, 이웃과 공동체에 대한 사랑, 혈육과 가족에 대한 사랑, 음악·예술에 대한 사랑 등이 포함된다. 좁은 의미에서 사랑의 감정은 어떤 사람을 귀중히 여기고 존중하고 아끼는 데서 나타나는 인간애, 즉 인간에 대한 사랑의 감정을 말한다. 일반적으로 감정으로서의 사랑이라고 할 때, 그것은 좁은 의미에서의 사랑인 개별적 인간에 대한 사랑을 의미한다.

사랑의 감정은 특정한 시점, 특정한 조건에서 다양하게 발현된다. 즉 사랑의 감정은 호감, 애착, 애정, 정다움, 친근감, 그리움, 정, 우정, 정열 등으로 체험되고 발현된다. 일반적으로 사랑의 감정은 호감으로부터 애착이나 애정으로, 애착이나 애정에서 헌신적이고 정열적인 사랑의 순서로 발전해나간다. 친구의 경우 그에게 처음에는 호감을 느끼고 시간이 좀 흐른 후에는 우정을, 최종적으로는 정열적인 형제애 같은 사랑의 감정을 느끼는 식으로 발전해나가는 식이다.

사랑의 감정은 증오의 감정과 동전의 양면 같은 관계에 있다. 사랑이 사랑의 대상에 긍정적으로 작용하는 대상에 대한 감정이라면 증오는 사랑의 대상에 부정적으로 작용하는 대상에 대한 감정이다. 사람들은 사랑하는 대상의 존재나 존엄을 위협하거나 그 대상의 성장이나 발전에 불리한 조건을 만드는 것들에 대해 불안, 경계심, 적대감, 증오 등을 체험한다. 이는 증오가 아무런 이유 없이 발생하는 감정이 아니라 사랑의 대상과 관련해서 발생하는 감정임을 의미한다. 자식을 사랑하는 부모는 당연히 자식의 존재를 위협하는 사람, 즉 자식의 목숨을 위태롭게 만드는 사람을 증오한다. 부모는 또한 당연히 자식의 존엄을 위협하는 사람도 증오한다. 청소년기에 성추행을 당했던 경험이 있는 사람 중에는 부모가 성추행범을 증오하기는커녕 친절하게 대하거나 쉽게 용서해주는 모습을 보면서 충격을 받은 이들이 있다. 이런 사람들은 그 사건을 겪으면서 부모가 자신을 사랑하지 않는다는 걸 분명하게 알 수 있었다고 고통스럽게 말하곤 한다.

어떤 이들은 그 누구도 증오하지 않는 사람을 성인군자라고 말하기도 하는데, 그는 성인군자가 아니라 그 누구도 사랑하지 않는 사람이다. 인간을 사랑하는 사람은 인간의 존재와 존엄을 위협하거나 인간의 성장과 행복을 방해하는 온갖 것들을 증오한다. 어떤 이들은 혁명가 체 게바라Che Guevara가 민중에 대한 뜨거운 사랑을 노래한 동시에 민중을 억압하고 착취하는 지배계급에 대해 격렬한 증오를 표현한 것을 두고 모순적이라고 비판한다. 그러나 그것은 모순이 아니라 그가 진정으로 민중, 인간을 사랑했다는 확실한 증거이다. 사랑이 없으면 증오도 없다.

7장

어떻게 사랑해야 하는가?

참다운 사랑으로 맺어진 관계란

인간에 대한 사랑은 그 관계 혹은 대상이 무엇이냐에 따라 다르게 구
분될 수 있다. 그러나 여기에서 언급하는 사랑은 모두 다 인간에 대
한 사랑이라는 공통점을 가진다. 즉 그것이 부모와 자식 간의 사랑이
든, 이성 간의 사랑이든 모든 사랑은 기본적으로 인간에 대한 사랑
이다. 다만 이는 관계나 대상에 따라 특수성을 가질 수 있다. 이 점을
염두에 두고 사랑의 종류를 살펴보기로 한다.

가족애 : 가족 간의 사랑

가족은 혈연으로 묶인 가장 가까운 사람들의 사회생활 단위이다. 가

족 구성원의 사랑은 인간에 대한 사랑이라는 보편성과 함께 혈연적 유대에 기초하고 있는 사랑이라는 특수성을 가진다.

가족 간의 사랑에서 가장 중요한 건 부부간의 사랑이다. 이성 간의 사랑에서 출발하는 부부간의 사랑은 가족을 만들어내고 유지하며 발전시켜나가는 근간이다. 남편과 아내는 사랑과 믿음에 기초해 서로 돕고 이끌어주며, 서로를 소중히 여기는 가장 밀접한 관계를 형성한다. 부부 사이의 사랑은 일상생활에서 아주 섬세한 느낌이나 심정까지도 서로 교환하기를 요구한다는 특징을 가진다. 이 때문에 원칙적으로 부부 사이에는 그 어떠한 비밀도 존재하지 않는다. 부부는 변함없는 사랑과 진실성, 호의와 헌신으로 상대를 대하고 도와주며 사소한 문제까지 이해해야 한다. 이 때문에 다른 사람과의 관계에서는 전혀 문제가 되지 않는 사소한 부분이 부부 사이에서는 문제가 될 수 있다. 예를 들면 아내가 대학 시절의 남자 동창생을 만났던 일을 언급하지 않는 것이 다른 사람들과의 관계에서는 전혀 문제가 되지 않지만, 남편과의 관계에서는 문제가 될 수 있다.

현실에는 사회생활 혹은 직장생활의 경험에 대해서 상대에게 말하지 않는 부부들이 있다. 그러나 이런 행동은 부부 사이의 사랑이 가지는 특징, 즉 일상생활에서 생각하고 느끼는 모든 것을 알고 이해하기를 요구하는 특징에 비추어볼 때 옳지 않다. 부부는 아무리 사소한 일이라도 서로에게 모든 걸 다 털어놓고 의견과 마음을 교환해야 하며 항상 이런저런 합의를 이루면서 살아가야 한다. 부부 사이에도 당연히 언쟁이나 갈등이 있을 수 있다. 그러나 그것은 '부부싸움은 칼로 물 베기'라는 말이 보여주듯, 참다운 이해와 화합, 확고한 신뢰와 애정, 쌍방 사이의 결합에 기초해야 한다.

부부 사이의 사랑은 양자의 건전한 욕망과 정신세계의 일치를 기반으로 할 때 진짜 사랑으로 발전해 나간다. 남편은 돈을 많이 벌겠다는 병적인 욕망에 사로잡혀 있는 반면 아내는 이웃들을 사랑하면서 살겠다는 건전한 욕망이 있다면, 혹은 남편은 극우·보수적 정치성향을 지닌 반면 아내는 진보적인 정치성향을 가지고 있다면 그런 부부 사이의 사랑은 원만할 수 없다. 따라서 부부는 마음의 상처를 치유하여 자신의 욕망을 건전한 방향으로 변화, 발전시켜야 하며, 끊임없이 대화하는 등의 방법으로 서로의 정신세계를 이해하고 최대한 일치시켜나가야 한다.

가족 간의 사랑에서 또 하나 중요한 건 부모와 자식 사이의 사랑이다. 부모와 자식 사이의 관계는 혈연적인 관계인 동시에 사랑과 존경의 관계, 양육과 부양의 관계이다. 즉 부모는 자식을 사랑하고 양육하며 자식은 부모를 존경하며 부양하는 관계인 것이다.

부모와 자식 사이의 사랑은 크게 두 단계에 걸쳐서 변화한다. 부모는 자식이 청소년이 되기 전까지는 자식을 무조건적으로 사랑하면서 헌신적으로 양육한다. 이 시기의 자식은 사랑의 능력이 결여되어 있으므로 부모와 자식 사이의 사랑은 쌍방향적이라기보다는 일방적이다. 그래서 이 시기의 부모의 사랑을 내리사랑이라고 부르기도 한다.

자식이 청소년기를 넘어서면 부모와 자식 사이의 사랑은 동등한 성인 사이의 쌍방향적인 사랑으로 변화하고 발전한다. 통상적으로 부모와 자식 사이의 사랑이라고 할 때 그것은 이 시기의 사랑을 의미한다.

부모의 자식에 대한 사랑은 진실하고 변함이 없으며 헌신적인 사랑이다. 전통적으로 아버지의 사랑이 다소 엄하면서도 깊이가 있고 뜨겁다면 어머니의 사랑은 따뜻하고 다심하고 헌신적이라는 특징이 있다. 이 세상의 좋은 것을 모두 다 자식에게 주고 싶어하는 마음이 어머니의 사랑이며, 자식을 위해서는 그 어떤 어려움과 위험도 마다하지 않고 용감하게 나서는 심정이 어머니의 사랑이다. 자식을 사랑하는 어머니의 마음은 티 없이 깨끗하고 진실하다. 이런 어머니의 사랑을 받은 자식들은 기쁠 때도 슬플 때도, 어렸을 때도 성인이 되었을 때도 언제나 어머니의 사랑을 떠올리며 행복에 젖는다. 어머니의 사랑에 대해 심리학자 권석만은 "인생에서 가장 감동적인 경험 중 하나는 어머니로부터 받은 사랑이다."[15]라고 말하기도 했다.

물론 지금까지 말한 것은 원형적이고 이상적인 어머니의 사랑에 대한 언급이지 현실이 반드시 그렇다는 뜻은 아니다. 어머니의 사랑을 떠올리며 눈물짓고 행복에 겨워하는 사람도 있지만, 전혀 공감하지 못하는 사람도 있다. 이는 단지 개별 어머니들의 문제가 아니라, 사회가 병들고 그에 따라 부모들이 정신적으로 병드는 현상과 관련이 있다.

어머니가 헌신적인 사랑을 하는 이유는 자식에게 훌륭한 인간으로 성장할 수 있는 본성이 잠재되어 있다고 믿기 때문이다. 만일 자식에게 악마성이 잠재해 있어서 자식을 사랑해주어도 그 자식이 훗날 악마가 될 것이 확실하다면, 어머니는 자기 자식을 사랑하지 않을 것이다. 이런 점에서 공포영화에서 자식이 악마의 씨앗이라는 사실을 알게 된 부모가 자기 자식을 죽이려고 하는 건 정상적인 행동이다. 여기에서 강조하고 싶은 점은 어머니의 자식 사랑이란 아무런 목적이 없는 맹목적인 사랑이 아니라는 것이다. 에리히 프롬은 "모성애의 참된 본질은 어린애의 성장을 돌보아주는 것이며 이것은 그녀로부터 어린애가 분리되기를 바라고 있다는 뜻이다."[16]라고 말하며, 모성애의 본질이 자식을 독립적인 사회적 존재로 성장시키는 데 있다고 강조했다.

어머니는 자식이 자기한테 의존하거나 집착하면 기뻐하는 존재가 아니다. 자식이 자기를 떠나 독립적이고 훌륭한 인간으로 성장하기를 간절히 바라는 존재이다. 안중근 의사의 어머니는 이토 히로부미를 척살하고 나서 사형을 기다리고 있던 아들에게 일본놈들에게 목숨을 구걸하지 말고 당당하게 죽음을 받아들이라고 조언했다. 이것이 바로 진정한 어머니의 사랑이다. 어머니가 어린 자식에게 무한한 사랑을 주는 이유는 그 사랑이 자식의 인간 본성을 활짝 꽃피울 것이고, 그 사랑이 자식을 훌륭한 인간으로 성장하게 할 것이라고 믿고 있어서다.

부모에 대한 자식들의 사랑은 존경과 믿음으로 나타난다. 자식은 자기 부모가 남들보다 잘났거나 자기한테 이익이나 혜택을 주었기 때문에 부모를 사랑하는 게 아니다. 자식은 비록 부모의 사회적 지위가 낮고 가난하더라도, 부모가 자기를 낳아주고 키워주며 보살펴주는 은인이기 때문에 부모를 진심으로 존경하고 따르는 것이고 자식이 된 도리를 다하기 위해 정성을 다해 모시는 것이다. 부모와 자식 간의 사랑에서 정말로 중요한 점은 부모가 제공하는 돈의 액수가 아니라 사랑의 진실함과 크기이다. 부모가 사회적 지위가 아주 높은 부자여서 하루에 백만 원씩 용돈을 쥐어줬다 하더라도 자식을 이기적으로 사랑했다면 자식은 부모를 사랑하거나 존경하지 않는다. 이런 자식들은 대체로 부모를 돈주머니나 현금지급기로 간주하며 유산을 빨리 물려받기 위해 부모가 죽기를 바라기도 한다.

가족 구성원들 사이의 사랑은 일상생활에서 다양한 방식으로 표현된다. 이들의 사랑은 서로에 대한 세심한 관심으로 나타난다. 이런 세심한 관심은 사소한 신상 변화까지 예리하게 느끼고 반응하게끔 만든다. 만일 가족 중 누군가가 어두운 표정을 하고 있으면 나머지 구성원은 그 변화를 금방 포착하여 무슨 일이 있는지 물어볼 것이다. 이와 같은 빈번하고 섬세한 상호작용 과정에서 가족들은 쉽게 상대방과 비슷해지고 상대의 내면세계와 심리를 파악한다. 이로부터 구성원들은 상대의 입장에서 외부세계를 인식하고 감정을 체험하게 되며 그 결과 가족 간에 동조와 공감이 이루어진다. 가족 내에서는 한 사람의 기쁨이 금방 다른 사람한테 전파되어 가족 모두의 기쁨이 됨으로써 그 기쁨이 더 강하고 커지며, 한 사람의 불안 역시 모든 가족 구성원의 불안이 된다. 이처럼 다른 집단에서는 찾아보기 힘든 특별한 동조와 공감 덕분에 가족 구성원들은 가족으로서의 일체감, 합일감을 느낀다. 이러한 일체감과 합일감은 적극적인 지지와 공감과 협력을 촉진하는 요소다.

가족 구성원들의 사랑은 그들이 서로를 헌신적으로 위해준다는 점에서도 잘 나타난다. 부부 사이, 부모와 자식 사이, 형제자매 사이의 관계는 직접적인 보상이나 갚음을 전제하지 않는다. 자본주의 사회에서 가족 관계를 제외한 나머지 인간관계는 대부분 보상을 주고받는 계산적 관계에 기초하거나 그런 관계로부터 발전해나간다. 그러나 가족 구성원들 사이의 관계는 그 시작부터 비계산적 관계이다. 이 사실은 가족이 집단주의 원칙에 의해 운영된다는 점만 보더라도 잘 알 수 있다. 원칙적으로 가족을 부양하는 사람이 벌어오는 돈은 모든 가족을 위해 공정하게 사용된다. 부모는 자식을 위해 많은 돈을 지출하지만 그 돈을 나중에 돌려받아야 한다고 생각하지 않는다. 이렇게 가족 구성원들 사이의 관계는 비계산적인 관계, 사랑과 존경으로 결합된 관계이기 때문에 그들은 이해타산을 따지지 않고 서로를 위해 헌신한다.

가족애는 잘못하면 편견이나 과대평가를 초래할 수 있다. 편견이나 과대평가로 인해 자기의 남편, 자기의 아내, 자기 아들딸 등 가족 구성원에 대한 공정하고 객관적인 평가를 하지 못하고 감정에 치우쳐 눈먼 사랑에 매달리기도 한다. 편견이나 과대평가는 특히 부모들이 자기 자식들을 대할 때 심하게 나타날 위험이 크다. 일부 부모들은 자기 자식들을 지나치게 사랑하며 그들을 실제보다 더 높게 평가하거나 근거 없이 찬양하기도 한다. 이런 일부 부작용의 우려에도 불구하고, 가족애는 가족 내에 화목하고 단란한 분위기가 흐르게 해주는 원천으로 작용한다. 가족이 일반적으로 다른 사회적 집단에 비해 더 화목하고 단란한 것은 이 때문이다.

이성애 : 남녀 간의 사랑

남녀 간의 사랑 물론 대표적인 인간에 대한 사랑이다. 이는 일반적으로 결혼 적령기의 남녀 사이에서 나타나며 다른 사랑과 구별되는 일련의 특징을 가지고 있다.

첫째, 이성애는 배타적인 사랑이다. 심리학자 권석만은 "낭만적 사랑의 중요한 특성 중 하나는 남자와 여자 간의 독점적이고 배타적인 관계 경험이라는 점이다. 두 사람의 연인관계는 다른 사람의 개입을 허용하지 않는다."[17]라고 말했다(참고로 주류 심리학에서는 이성애를 낭만적 사랑 혹은 열정적 사랑과 똑같다고 보는 경향이 있다). 남녀 간의 사랑은 제삼자의 개입을 배제하며, 따라서 남녀 쌍방 간의 폐쇄적인 결합 관계로 이어진다. 이런 점에서 이성애는 동료 관계를 비롯한 나머지 인간관계에서의 사랑과는 차이가 있다. 그러나 남녀 간의 사랑이 폐쇄적이라거나 배타적이라는 것은 당사자들을 제외한 관계에서만 그렇다는 의미다. 당사자인 남녀 사이는 극도로 개방적이다.

둘째, 이성애는 남녀 간의 전인격적인 결합을 요구하는 사랑이다. 이는 낮은 차원에서는 서로 간에 비밀이 없을 정도로 상대에 대해 속속들이 알기를 요구하는 사랑이란 의미이고, 높은 차원에서는 육체와 정신을 비롯한 서로의 모든 것이 완벽하게 공유되고 하나로 융합하는 사랑이라는 의미다. 따라서 남녀 간에는 상대의 심리 전반을 이해함으로써 상대와 전인격적으로 결합하려는 관계가 형성된다. 배타적인 사랑이고 전인격적인 결합을 요구하는 사랑이라는 이성애의 특징으로 인해, 남녀 간의 사랑은 상대를 정신적이고 육체적인 면에서 자기 혼자서만 독점하려는 욕망을 동반한다. 따라서 남녀 사이에 제삼자가 개입하는 일은 있을 수 없으며, 상대가 제삼자와 사랑을 주고받으면 질투가 유발된다.

셋째, 이성애는 육체적인 혹은 성적인 결합과 큰 관련이 있는 사랑이다. 원래 인간에 대한 사랑은 육체적이거나 성적인 측면과는 관련이 없다. 외모가 마음에 안 든다거나 성적인 매력이 없다고 해서 어떤 인간을 사랑하지 못하거나 사랑하지 않는 일은 있을 수 없다. 반면에 이성애에서는 외모를 비롯한 육체적인 특징, 성적인 특징이나 매력이 상당한 영향을 미친다. 이 때문에 남녀 간의 사랑은 성적 관계를 비롯한 다양한 신체적 접촉을 동반한다. 그러나 이성애가 육체적, 성적인 측면과 관련이 있다고 해서 그것을 인간에 대한 사랑과는 아예 다르다고 이해하면 안 된다. 이성애의 본질은 의연히 인간에 대한 사랑이다. 단지 그것이 다른 사랑과는 달리 육체적, 성적인 측면과도 관련이 있을 뿐이다.

이성애의 본질이 인간에 대한 사랑이라는 사실은 사회심리학자인 해트필드와 스프레처(Hatfield & Sprecher, 1986)의 연구를[18] 통해서도 확인할 수 있다. 그들은 이성애를 열정적 사랑과 우애적 사랑으로 구분하고 열정적 사랑을 "다른 사람과 하나가 되려는 강렬한 욕망상태"라고 정의했다. 통속적으로 열정적 사랑이란 남녀가 뜨거운 사랑에 빠지는 것을 의미하며, 그런 사랑에서는 육체적 혹은 성적인 요소가 상당한 비중을 차지한다. 반면에 우애적 사랑은 친밀감, 존중, 신뢰, 헌신의 견고한 기반 위에서 펼쳐지는 지속적인 사랑이다. 이 우애적 사랑에서 특별히 중요한 요소는 친밀감이고 육체적 혹은 성적인 요소는 비중이 약하다. 연구자들은 이 두 가지 사랑 중에서 우애적 사랑을 더 진실한 사랑으로 인정했는데, 여러 연구에서 우애적 사랑에 기초하는 이성애가 더 좋은 결과로 이어진다는 사실이 밝혀졌기 때문이다.

사랑의 원형이론에 따르면 사람들은 사랑을 일반적 사랑과 특별한 사랑으로 구분한다. 여기에서 일반적 사랑이란 모성애, 부모 사랑, 형제애, 자매애처럼 친밀감이 높은 동반자적 특성의 사랑을 의미하며 특별한 사랑이란 남녀 간의 사랑을 의미한다. 그런데 어떤 사랑이든 간에 가장 중요한 사랑의 요소는 '친밀감'이다. 사랑의 원형이론에 기초하는 연구들은 낭만적이거나 열정적인 사랑, 즉 이성애에서도 성적 매력이나 열정보다는 친밀감이 더 중요하며, 사람들은 그 사랑이 어떤 것이든 간에 친밀감이 바탕에 깔려 있지 않은 사랑을 무의미한 사랑이라고 여기는 경향이 있다고 말한다.[19] 이런 점에서도 이성애에서 육체적, 성적인 측면이 부차적이라는 사실을 확인할 수 있다.

남녀 간의 사랑에서는 내가 상대를 사랑할 뿐만 아니라 상대가 나를 사랑해주기를 기대하는 욕망이 동반되는 게 정상이다. 이성 간의 사랑이 연애나 결혼 같은 결실을 보려면 쌍방이 서로 사랑해야만 한다. 일방적 이성애, 즉 짝사랑이 가슴 아픈 이유는 이 때문이다. 그러나 반복해서 강조했듯이 이성애는 인간에 대한 사랑을 배제하는 사랑이 아니라 인간에 대한 사랑의 특수한 종류이다. 따라서 이성에 대한 사랑도 마땅히 대상중심적이어야 하고 상대의 인간 본성에 대한 사랑이 기본이 되어야 한다. 즉 이성에 대한 사랑의 경우에도 사랑이 되돌아오지 않는다고 해서 사랑을 철회하거나, 상대의 이성으로서의 매력이나 개성만 중요시하고 인간 본성을 귀중히 여기지 않는다면 그것은 가짜 사랑이다. 이성에 대한 사랑이란 누군가를 인간으로서 사랑하는 것을 전제로 하여 그를 이성으로서도 사랑하는 마음이다.

오늘날 한국 사회에서 남녀 간의 사랑만큼 가짜 사랑에 심하게 오염된 사랑은 없을 것이다. 남녀 간의 사랑이 가짜 사랑이 되기 쉬운 이유는 배타적인 특징 때문에 신자유주의적 자본주의가 강제하는 병적인 욕망들이 개입할 가능성이 매우 크기 때문이다. 남녀 간의 배타적인 관계는 과도한 돈에 대한 욕망, 지배욕이나 과시욕 따위와 결합한 병적인 성욕, 독점적인 소유욕 등에 더 취약하다. 예를 들면 지배욕과 결합한 병적인 성욕은 부모나 친구에 대한 사랑에는 개입하기 힘들지만 이성에 대한 사랑에는 개입할 수 있다. 인간에 대한 모든 사랑이 그렇듯이 남녀 간의 사랑도 일정 수준의 정신건강이 전제되어야 하며 정신적 공통성, 특히 욕망이나 가치관의 공통성에 기초할 때 건전한 사랑, 진짜 사랑이 될 수 있다.

자기애 : 자신에 대한 사랑

프로이트를 비롯한 일부 심리학자는 자기애를 나쁜 것이라고 주장했다. 그러나 그런 주장은 자기애를 이기주의라고 착각하는 데서 비롯된 오류이다. 만일 자신을 사랑하는 것이 나쁘다면 자기 자신은 사랑하지 않고 다른 사람만 사랑하거나 자기 자신을 미워해야 하는데, 그것이야말로 비정상적인 행위다. 에리히 프롬은 자기 자신이 포함되지 않는 인간의 개념은 없다면서 "만일 나의 이웃을 인간으로서 사랑하는 것이 덕이라면, 나도 인간이므로 나 자신을 사랑하는 것은 악덕이 아니라 미덕이어야 한다."[20]고 강조했다.

인간을 사랑하는 사람은 당연히 자기 자신을 사랑한다. 자기 자신도 인간이기 때문이다. 인간을 사랑하기 위한 조건 따위는 없다. 굳이 있다고 말한다면 그 조건은 그가 인간이라는 단 한 가지뿐이다. 부모가 자식을 사랑하는 것은 자식이 인간이기 때문이고, 우리가 이웃을 사랑하는 이유는 이웃이 인간이기 때문이다. 마찬가지로 내가 나를 사랑하는 것은 내가 인간이기 때문이다. 어떤 존재가 인간이라는 것은 인간에 대한 사랑의 충분조건이다. 자기애란 내가 인간이라서 나를 사랑하는 사랑이다. 따라서 '나는 너무 못생겨서 나를 사랑할 수 없어', '나는 공부를 못해서 나를 사랑할 수 없어', '나는 돈을 못 벌어서 나를 사랑할 수 없어'라고 말하는 것은 내가 인간을 사랑하지 못하는 사람이라는 사실을 보여줄 뿐이다.

지금까지의 논의에 비추어보면 자기 자신은 사랑하지 않고 오직 다른 사람만 사랑하는 사람은 사랑의 무능력자라는 것을 알 수 있다. 물론 여기에서 말하는 자기에 대한 사랑이란 자기를 위해서도 돈을 많이 써야만 한다거나 자기 위장에다 맛나고 비싼 음식을 계속 집어넣어야 한다는 의미가 아니다. 그것은 자기 자신의 인간 본성을 귀중하게 여기고 그것을 아껴주며 높이 발양하기 위해 노력한다는 걸 의미한다.

자기 자신은 사랑하지도, 돌보지도 않고 다른 사람만 사랑하는 사람은 크게 두 부류로 나뉜다. 하나는 남들한테 사랑받기 위해서 그런 행동을 하는 사람이다. 앞에서 언급했던 착한아이 증후군이 여기에 해당된다. 이런 사람은 대단한 박애주의자처럼 보일 수도 있지만 사실 사랑받기에 목을 매고 있는 어린아이 같은 사람이다. 다른 하나는 자신의 욕망을 충족시키기 위해서 그런 행동을 하는 사람이다. 남들로부터 도덕적인 찬사를 받는 사람이 되기를 바라는 사람, 혹은 그런 행동을 통해 자신의 도덕적인 목표나 만족을 추구하는 사람은 이기적인 사랑을 하는 사람이다. 따라서 자기애 없이 타인만 사랑하는 것은 이기적인 가짜 사랑이다.

형제애와 동지애 : 인간에 대한 사랑

형제애라는 단어를 들으면 혈연으로 이어진 형제자매 사이의 사랑을 떠올릴 수도 있다. 이런 형제애는 가족 간의 사랑에 포함된다. 이들은 가족의 대를 이어나가야 하는 다음 세대로서 서로를 사랑하며, 이는 일반적인 인간에 대한 사랑과 강한 혈연공동체 의식에 기초하는 사랑이 결합된 사랑이다.

여기에서 형제애라고 칭하는 사랑은 이보다 훨씬 범위가 넓다. 형제애는 모든 사랑의 기초에 놓인 인간에 대한 사랑의 원형이자 기본이다. 이런 점에서 형제애를 곧 인간애라고도 말할 수 있다. 에리히 프롬은 모든 사랑의 바탕에 있는 가장 기본적인 사랑이 '형제애'라면서 그것을 "성서에서 '네 이웃을 네 몸과 같이 사랑하라'고 말하고 있는 것과 같은 종류의 사랑"이라고 말하기도 했다. 형제애가 인간에 대한 사랑의 원형이라는 점은 그 사랑이 어떤 종류의 배타성도 허용하지 않는다는 점을 통해 확인 가능하다.

형제애는 인간에 대한 사랑의 원형일 뿐만 아니라, 모든 인간은 평등하고 동등하다는 믿음에 기초해 모두가 하나가 되어 화목하게 살아가기를 염원하는 인간의 이상을 대변하는 수준 높은 사랑이다. 음악가 베토벤은 오스트리아의 반동체제 아래서 병마에 시달려 죽어가면서도, 아름다운 형제애를 노래하는 마지막 악장으로 유명한 불멸의 교향곡 제9번을 작곡하기 위해 심혈을 기울였다. 그가 죽음과 맞서가면서 자신의 모든 것을 다 바쳐 그 교향곡을 작곡한 까닭은 모두가 하나되어 살아가는 아름다운 세상에 대한 꿈을 간직하고 있었기 때문이다.

인간을 사랑하는 사람은 다른 사람들과 싸우면서 살아가기를 바라지 않으며 다른 사람들을 지배하거나 착취하면서 살아가기를 바라지 않는다. 이들은 사람들이 서로 사랑하고 협력하면서 사이좋게 살아가기를 바란다. 이들은 사람들이 지배와 착취 관계 속에서 살아가는 것, 사람들이 서로 싸우면서 살아가는 것이 인간 본성에 위배된다고 생각한다. 인간을 사랑하는 사람은 사람들이 평등하고 화목한 세상 속에서 모두가 하나되어 살아가는 것이 인간 본성에 맞는다고 믿으며 그런 세상을 꿈꾼다. 이런 꿈과 이상을 대변하는 사랑이 바로 형제애다. 에리히 프롬은 다음과 같이 말했다.

본질적으로 인간은 모두 동일하다. 우리는 모두 일자(一者)의 한 부분이고 우리는 모두 하나이다. 이와 같다면, 우리가 누구를 사랑하든 차이는 없을 것이다. … 우리가 모두 하나인 한, 우리는 형제애라는 의미에서 모든 사람들을 같은 방식으로 사랑할 수 있다.[21]

이런 형제애를 바탕에 두고 뜻을 같이하는 사람들 사이에서 발전할 수 있는 사랑이 동지애다. 철학자 아리스토텔레스는 서로의 덕을 키우는 우정이 최고의 우정이라면서, 이는 서로에게 영감을 주고 서로에게서 최상의 것을 끌어내는 친구 사이의 우정이라고 말했다. 그가 높게 평가했던 이런 친구 사이의 사랑 혹은 우정은 여기에서 다루는 동지애의 특징을 일부 가지고 있다. 동지애란 원대한 이상을 실현하기 위해 목숨을 걸고 싸우는 동지들 사이의 고상한 사랑이다. 여기에서 말하는 원대한 이상이란 자신의 사적 이익을 위한 게 아니라 인간의 자유와 행복을 실현하기 위한 이상이다. 한 마디로 그 이상은 인간에 대한 사랑의 최고 표현인 것이다. 이 원대한 이상을 실현하기 위해 목숨 바쳐 싸우는 사람을 보통 혁명가라고 부른다. 혁명가 체 게바라는 사랑과 원대한 이상(대의)의 관계를 다음과 같이 설명했다.

터무니없게 들릴 수도 있겠지만 진정한 혁명가를 이끄는 것은 사랑이라는 위대한 감정이라고 말하고 싶습니다. … 혁명가들은 민중에 대한 사랑을, 가장 신성한 대의에 대한 사랑을 이상화하고

불가분의 것으로 만들어야 합니다.[22]

인간을 뜨겁게 사랑하는 사람은 모두가 사랑하면서 살아갈 수 있는 세상, 모두가 행복할 수 있는 세상, 즉 인간 본성이 완전하게 실현된 이상사회를 앞당겨오기 위해 자기의 모든 것을 다 바쳐 싸운다. 그리고 그런 싸움을 해나가는 과정에서 자기와 뜻을 같이하는 사람인 동지, 원대한 이상을 공유하는 동지를 만난다. 원대한 이상을 추구하는 혁명가는 개인보다 모든 인간(인류)을 더 중시하는 집단주의자(우리주의자)이기 때문에 자기 자신보다 그 이상을 더 중요하게 여기며, 자기 자신보다 동지나 조직을 더 중요하게 여긴다. 따라서 그는 동지를 위해서라면 기꺼이 목숨까지 바친다. 비록 현실에서 흔하게 발견할 수는 없지만, 동지애는 고대 로마에서 봉기를 일으켰던 노예들이 자기들의 지도자였던 스파르타쿠스Spartacus를 보호하기 위해 기꺼이 목숨을 바쳤던 모습이나 일제 강점기에 독립운동가들이 동지나 조직의 비밀을 지키기 위해 모진 고문에도 입을 열지 않고 형장의 이슬로 사라져간 모습에서 발견할 수 있다.

진짜 사랑을 하려면 사랑이 무엇인지 정확하게 아는 것만으로는 충분하지 않다. 사랑이 무엇인지 알고 있다 하더라도 사랑을 할 수 없도록 방해하는 요인들이 있다면 진짜 사랑을 하면서 살아가기란 힘들다. 사랑을 방해하는 요인은 개인에게도 있고 사회에도 있다. 따라서 진짜 사랑을 하려면 개인 차원에서 또 사회적 차원에서 사랑을 방해하는 요인부터 제거하거나 그 영향에서 벗어나야 한다. 사랑을 방해하는 요인이 모두 사라진다고 해도 사랑의 능력이 없다면 사랑을 할 수 없다. 진짜 사랑을 하려면 반드시 사랑의 능력도 키워야 한다.

사랑을 위해 필요한 개인적 노력

가짜 사랑을 하도록 만드는 중요한 원인 두 가지는 불건전한 욕망과 정신건강 악화이다. 불건전한 욕망과 정신건강 악화는 동전의 양면과 같은 관계다. 정신건강 악화, 혹은 마음의 상처는 건전한 욕망이 좌절되면서 시작된다. 예를 들어 사랑과 자존의 욕망이 계속해서 심각하게 좌절되면 과도하게 사랑을 갈구하거나 자기를 과시하려는 불건전한 욕망에 사로잡히게 된다. 일단 불건전한 욕망의 지배를 받게 되면 정신건강은 지속해서 악화될 수밖에 없다. 이렇듯 불건전한 욕망과 정신건강 악화는 불가분의 관계, 악순환의 관계이기 때문에 불건전한 욕망에서 벗어나면 정신건강도 자연스레 회복된다.

따라서 진짜 사랑을 하려면 불건전한 욕망부터 정화해야 한다. 이를 위해서는 우선 자신을 사로잡고 있는 욕망이 무엇인지부터 정확하게 알 필요가 있다. 현실에서 이 문제가 대단히 중요한 이유는 의외로 사람들이 자기의 진짜 욕망을 잘 모르기 때문이다. 자기의 진짜 욕망, 특히 자기에게 큰 영향을 미치고 있으나 심층적이고 무의식적이어서 거의 자각할 수 없는 욕망을 알려면 자기분석이나[23] 심리상담을 받는 등 특별한 노력이 필요하다. 자기의 욕망이 무엇인지 파악했다면 그 욕망이 어디에서 비롯되었으며 그것을 그대로 두면 어떤 나쁜 결과를 초래할지도 명확하게 알아야 한다. 그리하여 불건전한 욕망을 버리거나 포기하고 그 자리에 인간 본성에 기초하는 건전한 욕망이 자리 잡게 해야 한다. 사실 이 과정이야말로 지난한 심리치료에서 달성해야 할 가장 중요한 목표다.

물론 불건전한 욕망을 강요하는 주범은 병든 사회다. 드라마 〈오징어 게임〉에는 극단적인 경쟁 환경에 놓인 사람들이 점점 정신적으로 병들어가는 모습이 나온다. '오징어 게임'에 참여한 사람들은 거액의 상금을 받기 위해서, 죽지 않기 위해서 다른 사람들을 속이고 괴롭히며 죽인다. 그러나 그들은 게임에 참여하지 않았을 때만 해도 어느 정도는 건전한 욕망을 가지고 살아가는 사람들이었다. 즉 이웃을 사랑할 줄 알았고, 인간의 자유와 권리를 귀중히 여기는 사람들이었단 뜻이다. 그 예시로 한 등장인물은 게임에 참여했을 때에는 매우 악랄한 행동을 한다. 그러나 게임이 잠깐 중단되어 현실로 돌아왔을 때, 그는 자기의 지갑을 열어 차비가 없어서 집에 걸어가야만 했던 가난한 이주노동자의 손에 돈을 쥐여 주었다.

오징어 게임에 참여한 사람들은 타인과의 경쟁에서 승리하지 못하면 죽임을 당했기에 생존의 욕망을 심각하게 위협받았다. 그 결과 다른 사람들을 두려워하여 믿지 못하게 되었고 점차 적대시하게 되었으며, 궁극적으로는 다른 사람들을 공격하거나 죽이려는 불건전한 욕망에 사로잡힌다. 이와 비슷하게, 진짜 사랑을 방해하는 불건전한 욕망은 대부분 병든 한국 사회가 강요한 결과다. 잔인한 오징어 게임이 벌어지는 한국 사회는 이웃을 경쟁자로 여기면서 경계하고 불신하려는 욕망, 생존을 위해 각자도생하는 이기주의적 삶을 살려는 욕망, 이웃들과 '내가 더 잘났어' 경쟁 혹은 서열 경쟁을 하려는 욕망 등 온갖 병적인 욕망을 강요한다.

돈에 대한 욕망을 제외하면, 한국인들이 반드시 졸업해야 할 대표적인 불건전한 욕망은 사랑을 받으려는 욕망이다. 부모들이 사랑하는 능력을 급격히 잃어버리면서, 한국인들이 어린 시절에 사랑받기의 욕망을 원만히 충족하기란 매우 힘든 일이 되어버렸다. 이 때문에 성인이 되어서도 한국인 다수는 애정 결핍 상태로, 사랑받기에 연연하면서 살아간다. 그러나 진짜 사랑을 하려면 사랑받기에 대한 욕망에서 해방되어 사랑하기를 할 수 있는 정상적인 성인이 되어야 한다. 그리하여 나를 사랑해줄 사람을 찾아 헤매는 게 아니라 내가 사랑할 사람을 찾아야 하고, 상대가 나를 사랑해주거나 사랑해줄 것이라고 기대하기 때문에 사랑하는 게 아니라 정말로 사랑할만한 가치가 있는 사람을 아무 조건 없이 사랑해야 한다. 심하게 말하자면, 성인이 되어서도 사랑받기에 방점을 찍은 채 살아가는 사람은 한평생 사랑을 구걸하면서 살아가는 사랑의 거지 신세를 면치 못하는 셈이다. 사랑의 거지 혹은 노예가 아니라 사랑의 주인이 되려면 반드시 사랑받기의 욕망에서 해방되어 정상적인 사랑의 욕망, 즉 사랑을 하려는 욕망을 가져야 한다.

이처럼 진짜 사랑을 하려면 병든 사회가 불건전한 욕망을 강요했음을 이해하고 중요한 선택을 해야 한다. 즉 끔찍한 오징어 게임을 순순히 받아들이고 계속 그 게임을 하면서 불건전한 욕망의 포로가 되어 사랑 없는 삶을 살아갈 것인지, 오징어 게임을 단호히 반대하고 거부함으로써 불건전한 욕망에서 벗어나 사랑을 하는 인간다운 삶을 살 것인지를 선택해야 한다. 진짜 사랑을 위해서는 당연히 후자를 선택해야 한다. 이런 올바른 선택은 필연적으로 오징어 게임을 강요하는 병든 사회를 개혁하려는 욕망으로 이어진다. 이 문제에 대해서는 뒤에서 다루기로 한다.

사랑에도 역량이 있다

사랑이 무엇인지 잘 알고 있고 사랑을 방해하는 불건전한 욕망에서 해방되었다 하더라도 사랑의 능력이 없으면 진짜 사랑을 하기 힘들다. 집을 멋들어지게 짓는 법을 알고 집을 훌륭하게 짓겠다는 욕망이 있다고 해서 누구나 멋진 집을 건축할 수 있는 게 아니듯, 사랑이 무엇인지를 알고 그것을 뒷받침해주는 건전한 욕망이 있다고 해서 누구나 사랑을 잘하는 건 아니다. 진짜 사랑을 하려면 반드시 사랑의 능력을 갖추어야 한다. 사랑의 능력은 인간 본성을 심하게 억압하며 사회적 존재로서의 인간의 능력을 갖추지 못하도록 방해하는 사회일수록 더 중요하다.

사랑의 능력이 있어야 한다는 말은 연애기술을 습득하라는 의미가 아니다. 서로를 사랑하면서 살아가는 건 사회적 존재로서 인간의 본성적인 생활방식이다. 사랑의 능력이란 다른 능력과 동떨어져 존재하는 그 어떤 특수한 능력이 아니라 인간이라면 마땅히 가져야만 하는 사회적 존재의 생활능력과 활동능력, 혹은 그런 능력에 포함되는 일부분이다. 그렇기 때문에 인간으로서의 능력이 우수한 사람은 자연히 사랑도 잘하는 반면 그런 능력이 취약한 사람은 아무리 애써도 반복적으로 사랑에 실패한다. 에리히 프롬은 명저인 《사랑의 기술》 서문에서 이 점을 분명하게 강조하고 있다.

이 책은 독자들에게 가장 능동적으로 자신의 퍼스낼리티(인격) 전체를 발달시켜 생산적 방향으로 나아가지 않는 한, 아무리 사랑하려고 노력해도 반드시 실패하기 마련이며, 이웃을 사랑하는 능력이 없는 한, 또한 참된 겸손, 용기, 신념, 훈련이 없는 한, 개인적인 사랑도 성공할 수 없다는 것을 깨우쳐주려고 한다. 위에

서 말한 성질들이 희귀한 문화에서는 사랑하는 능력의 획득은 매우 어려운 일이 아닐 수 없다.[24]

위의 인용문을 쉬운 말로 요약해보면, '사랑을 하고 싶다면 일단 인간부터 되어야 한다. 인간이 되지 못한 사람에게는 사랑의 능력이 없으므로 그는 사랑에서 실패를 면치 못할 것이다.'가 된다.

사랑의 능력은 인간 본성에 비례한다. 앞에서 살펴보았듯이, 인간에 대한 사랑은 본질적으로 인간 본성에 대한 사랑이다. 자신의 인간 본성—인간 본성은 단순한 욕망이나 감정이 아니라 인간에게 체현된 속성이자 능력이다—을 원만하게 잘 발전시킨 사람만이 상대의 인간 본성을 귀중히 여길 수 있다. 에리히 프롬이 사람은 자신의 인격을 전체적으로 발달시켜야만 한다고 강조했던 것은 이 때문이다.

따라서 사랑이 무엇인지 잘 모르거나 사랑의 능력이 없다면 우선 그 문제부터 해결해야 한다. 하지만 오늘날의 사람들은 별다른 노력 없이도 사랑할 수 있다는 믿음을 붙든 채 사랑을 시도하고 실패하기를 반복한다. 그런데도 이들은 실패한 원인을 자기 자신에게서 찾기보다는 대상 탓으로 돌린다. 연애를 하다가 실패하거나 상처를 받은 사람들은 "그놈이 그런 미친놈인 줄 내가 어찌 알았겠어?" "이렇게 된 것은 다 그놈 때문이야."라고 말하곤 한다. 그러면서 "나한테 딱 맞는 운명적인 짝을 만나기만 하면 모든 것이 다 괜찮아질 거야."라고 중얼거린다. 사랑에서 실패한 원인을 모두 대상 탓으로 돌리고는 제대로 된 대상을 만나기만 하면 사랑이 자신을 불행에서 구원해줄 거라고 기대한다.

신자유주의적 자본주의가 사람들의 정신건강을 악화한 탓에 이상한 사람을 만나게 되거나 그들로부터 상처나 피해를 당할 가능성도 커졌다. 그럼에도 우리는 사랑에서 실패하는 기본 원인을 상대가 아닌 자기 자신에게서 찾아야 한다. 물론 숱한 악조건과 어려움을 이겨내야만 하겠지만, 내가 사랑이 무엇인지 정확히 알고 있고 사랑의 능력을 갖춘다면 병든 세상에서도 진짜 사랑을 하면서 살아갈 수 있다. 즉 나에게 사랑에 대한 올바른 이해와 능력이 있다면 잘못된 대상을 선택해서 상처입을 확률을 최소화할 수 있고, 나와 상대가 가진 장점을 극대화하는 반면 결함이나 문제는 최소화하거나 해결하여 사랑의 관계를 발전시켜나갈 수 있다.

사랑하기 위해 갖춰야 할 가장 기초적이고 필수적인 능력은 대인관계 능력이다. 대인관계 능력에는 인간의 마음을 파악하고 공감하며 그것에 적절하게 반응하는 능력, 적절한 말과 행동으로 자기의 마음을 전달하는 능력, 갈등을 조절하고 해결하는 능력 등이 포함된다. 오늘날 한국에서는 나이가 젊은 사람일수록 대인관계 능력이 취약하다. 성인들의 마을공동체가 해체되면서 아이들의 놀이공동체가 사라졌고, 부모들은 불안이 심해지면서 아이들의 자유로운 놀이를 금지하고 공부를 강요하게 된 결과다. 어린 시절 놀이의 박탈은 한국 젊은이들의 대인관계 능력에 치명적인 손상을 가져온 주범이다.

대인관계 능력은 아동기까지 집중적으로 발달하여 그 시기에 거의 완성된다. 그런데 문제는 이 능력이 그 이후의 시기에는 발달하기가 대단히 어렵다는 데 있다. 따라서 어렸을 때 대인관계 능력을 정상적으로 발달시키지 못하면 이후에 그것을 만회하기란 매우 어려워진다. 어렸을 때 또래들과의 대인관계 경험을 거의 해보지 못한 상태에서 학교에 들어간 한국의 젊은이들은 그 이후에도 입시 위주의 경쟁 교육으로 인해 원만한 대인관계를 거의 경험하지 못한 채 성장하여 어른이 된다. 대인관계 능력이 정상적으로 발달하지 못한 채 성인이 되는 것이다.

갈등을 두려워하지 말 것

한국의 많은 젊은이들이 대인관계에서 어려움을 호소한다. 대인관계 능력이 부족하다 보니 사람을 상대하는 일 자체를 어려워하고 그 과정에서 빈번히 상처를 입게 되어 일종의 대인공포증, 사회공포증까지 갖게 된다. 이런 젊은이가 인간을 올바르게 사랑하는 건 불가능하다. 대인관계 능력이야말로 사회적 존재로서의 인간의 능력 중에서 가장 기초를 이루는 능력이기 때문이다. 따라서 사랑하는 능력을 원한다면 우선 대인관계 능력 정상화가 필요하다.

요즘 사람들의 대인관계 능력 부족은 갈등을 회피하거나 해결하지 못하는 모습에서도 잘 드러난다. 인간은 사회적 존재므로 본성적으로 다른 사람들과 사이좋게 지내기를 바라지 다른 사람들과 갈등하거나 다투고 싶어하지 않는다. 이 때문에 상당수는 갈등이 유발되는 상황을 원천적으로 회피하기 위해 상대의 잘못된 말과 행동을 계속 참고 넘어가거나, 갈등 상황이 조성되어 다투게 되더라도 갈등을 해결하려고 하기보다는 회피하기를 택한다. 예를 들면 심하게 말다툼한 다음 날, 몹시 어색하면서도, 마치 어제 아무 일도 없었다는 듯이 평소처럼 행동하는 경우다. 그러나 갈등을 회피하는 건 반드시 관계를 악화시키고 사랑을 방해한다. 갈등을 회피하면 당장에는 문제가 없는 것처럼 느껴질지 몰라도 그 갈등은 훗날 더 크게 폭발하기 마련이다.

이런 행동은 갈등을 유발했던 문제를 아무리 회피한다고 해도 그 문제는 해결되지 않는다는 점에서 가장 큰 문제가 있다. 신혼부부들을 4년여 동안 추적하여, 이 부부의 시댁이나 처가 식구와 관련해 일어난 문제를 추적한 연구에 따르면 한 번 불거졌던 문제는 시간이 지나도 사라지지 않았다. 또 다른 연구 결과에선 불행한 결말을 맞이한 연인이나 부부는 처음부터 상대를 배려하고 염려하는 마음이 부족했으며 결혼을 망설였다는 사실이 드러났다.[25] 이 외에도 "언쟁을 벌이면 안 된다."라고 믿는 사람들, 즉 갈등을 두려워하는 사람일수록 관계 만족도가 낮았고 더욱 공격적이었으며 여성의 경우에는 더욱 우울해졌다는[26] 연구, 관계와 관련된 중요한 대화를 회피할 경우 7주후에는 의사소통이 잘 이루어지지 않았고 덜 행복해졌으며 관계 만족도가 낮아졌다는[27] 연구들도 있다. 이렇듯 다수의 연구는 갈등 회피가 반드시 나쁜 결과를 초래한다는 점을 보여준다.

요즘에는 갈등이 유발되면 '잠수 타기'를 하는 사람들도 많아지고 있다. '잠수 타기'는 부부 싸움을 하고 나서 방에 들어가 문을 걸어 잠그거나 일체의 대화를 거부하는 방식에서부터 남들로부터 비판을 받거나 갈등을 겪으면 모든 연락을 차단한 채 칩거하다가 어느 날 다시 '짠!' 하고 나타나는 것까지 다양한 양태로 나타난다. 잠수 타기의 원인은 자기방어와 갈등 회피다. 쉽게 말하자면 잠수 타기는 문제나 갈등이 발생하여 시끄러운데, 그것을 해결할 의지나 자신감이 없어서 숨었다가 시간이 흘러 좀 잠잠해지면 다시 나타나는 행위다. 당연히 이는 갈등 해결과는 아주 거리가 멀다. 더욱이 그것은 타인을 몹시 화나게 만들기 마련이고, 결과적으로 자신의 평판을 떨어뜨리는 일종의 자해행위이다. 연인 간의 의사소통에 관한 한 연구에 따르면 대화를 회피하는 등으로 상대의 접촉을 차단하는 행동은 관계를 악화시키는 최악의 행동[28] 중 하나이다.

갈등을 회피하는 사람들이 점점 더 많아지는 이유는 갈등을 성공적으로 해결함으로써 인간관계가 더 발전하는 모습을 관찰하지 못했거나, 그런 경험을 하지 못하면서 성장하는 사람들이 증가하기 때문이다. 애커먼과 동료들의 연구에 따르면 청소년기의 가정환경은 성인이 된 이후의 의견 충돌을 해결하는 과정뿐 아니라 결혼생활에도 영향을 미친다.[29] 청소년기 이전부터 아버지와 어머니가 갈등을 원만히 해결하면서 더 좋은 관계로 발전하는 모습을 지켜보며 자라난 사람은 갈등을 회피해야 한다고 생각하지 않을뿐더러, 갈등을 슬기롭게 해결하는 방법도 배울 수 있다. 나아가 인간관계에서 갈등은 필수며 그것을 잘 해결하면 오히려 관계가 더 좋아진다고 믿을 것이다.

갈등을 회피하는 경향에는 앞에서 언급한 대인관계 훈련 부족도 영향을 미친다. 어린 시절 또래들과의 놀이의 경험은 갈등에 대한 태도와 해결능력에 큰 영향을 미친다. 또래들과 놀다 보면 갈등이 발생하기 마련이다. 그러나 아이들은 자기 나름대로 최선을 다해서 갈등을 해결하려고 노력한다. 그래야 친구들과 계속 놀 수가 있기 때문이다. 이 과정에서 아이들은 갈등을 회피하지 않는 심리와 그것을 원만하게 해결하는 능력을 습득한다.

나쁜 관계는 단호하게 끊어내자

요즘 같은 세상에서 필수적으로 요구되는 대인관계 능력은 인간관계를 맺고 끊는 능력이다. 인간관계를 맺고 끊는 능력이란 좋은 사람과는 적극적으로 관계를 맺고, 나쁜 사람과는 과감하게 관계를 끊음으로써 인간관계를 양적·질적으로 발전시켜나가는 능력을 말한다. 좋은 사람의 기준은 최소한으로는 나한테 피해를 주지 않는 사람에서부터, 최대한으로는 훌륭한 인격과 정신건강을 가지고 있는 사람에 까지 다양할 수 있다.

사람은 자신의 전반적인 심리와 자기가 도달한 인격 수준에 기초 하여 사람을 선택하고 그들과 관계를 맺는다. 돈만 밝히는 사람은 자 기처럼 돈만 밝히는 사람, 혹은 돈 많은 사람을 좋게 평가하여 그런 사람들과 관계를 맺는다. 돈만 밝히는 사람을 좋게 보는 사람 그리 고 그에게 접근하는 사람 역시 돈을 밝히는 사람들이다. 칭찬에 굶주 린 사람은 자기를 칭찬해주는 사람을 좋게 평가하여 그런 사람들과 적극적으로 관계를 맺게 된다. 칭찬에 굶주려 있는 사람을 좋게 보는 사람 혹은 그에게 접근하는 사람은 칭찬으로 그를 이용하려는 사람 이거나 마음에 상처가 있는 사람일 가능성이 크다.

이와 달리 사랑의 능력이 있는 성숙한 사람은 객관적으로 훌륭한 사람을 좋게 평가하여 그와 적극적으로 관계를 맺거나 그를 사랑한 다. 성숙한 사람을 좋게 보는 사람 혹은 그에게 접근하는 사람들은 성숙한 사람들이다. 이처럼 심리의 건전성, 인격 수준과 인간관계의 질은 비례관계에 있다. 따라서 질적으로 우수한 인간관계, 건전한 인 간관계를 맺으려면 자신의 전반적인 심리를 발전시켜야 하고 사회적 존재로서의 인격 수준을 높여야 한다.

인간관계를 잘못 맺으면, 즉 나쁜 사람과 관계를 맺으면 그 때문에 피해가 발생한다. 나쁜 사람과의 관계란 나를 끊임없이 비난하는 사 람, 나를 괴롭히거나 학대하는 사람, 나한테 계속 사랑을 달라고 구걸하는 사람, 나를 계속 경제적으로 착취하는 사람과의 관계 등을 뜻한다. 나쁜 사람과의 관계가 자기한테 상처나 피해를 준다면 당연히 그런 관계는 끊어야 한다. 만일 그렇게 하지 못해서 계속 끌려다니거나 당하면서 살다 보면 삶이 불행해지는 건 물론이고 정신의 황폐화를 면할 수 없다.

나쁜 사람과의 관계를 끊지 못하는 가장 큰 이유는, 관계를 끊으려고 시도했다가는 칼침을 맞게 되는 특수한 경우를 제외한다면, 사랑받기에서 졸업하지 못했기 때문이다. 사랑하기의 경우 상대를 더는 사랑할 수 없다면 사랑을 철회하여 과감하게 상대와의 관계를 끊을 수 있다. 반면에 사랑받기에 목을 매고 있으면 상대가 자기한테 명백하게 피해를 주고 있음에도 그가 언젠가는 사랑을 줄 거라는 기대를 포기하지 못한다. 남편이 술에 취해 자기를 심하게 폭행했는데도, 다음날 미안하다고 사과하거나 화려한 꽃을 선물하거나 육체적 관계를 시도하면 그 행동에 설득되어 다시 관계를 이어가는 아내들이 있다. 이는 그들이 성인의 사랑인 사랑하기가 아닌 아동기적 사랑인 사랑받기에 묶여 있기에 벌어지는 일이다. 사랑받기에 연연하는 사람은 상대가 어지간히 자기를 괴롭혀도, 자기한테 피해를 주어도 단호하게 관계를 끊지 못한다. 그랬다가는 상대로부터 사랑받을 가능성이 완전히 사라져버리기 때문이다.

반면에 성인의 사랑인 사랑하기를 하는 사람은 상대를 사랑할 수 없게 되면 과감하게 관계를 끊는다. 사랑받기는 그에게 별로 중요하지 않기 때문이다. 이런 점에서 인간관계의 질을 높이기 위해 가장 중요한 것 중의 하나는 사랑받기에서 졸업하여 사랑하기의 능력을 갖추는 일이다. 설사 이런저런 심리적 문제가 있고 인격 수준이 그리 높지 못하다 해도 사랑하기가 가능한 사람은 양호한 인간관계를 맺고 살아갈 수 있다. 그는 자신이 사랑할만한 좋은 사람을 선택하여 적극적으로 관계를 맺는 반면, 자신이 사랑할 수 없을 정도로 나쁜 사람은 당연히 멀리하게 된다.

'밀당'은 사랑의 기술이 아니다

원칙적으로 말하자면 사랑에는 특별한 기술이 필요하지 않다. 사랑은 정상적인 대인관계 능력이나 기술만 있으면 누구나 할 수 있다. 물론 남녀가 사랑할 때에는 약간의 연애기술이 필요하기도 하다. 그러나 그것이 성공적인 연애에 결정적인 영향을 미치지는 않는다. 사랑을 성공하게 해주는 건 사랑의 기술이 아닌 올바른 이해에 기초하는 사랑의 마음과 사회적 존재로서의 인간의 능력이다. 사랑의 기술은 사랑하는 사람들에게 자기의 마음을 표현하고 그것에 부합하게 행동하는 과정을 통해서 자연히 습득하게 된다. 그 과정에서 사람들은 자기만의 개성적인 사랑의 기술을 계발할 수도 있다.

사랑의 기술은 나를 위해서가 아니라 상대를 위해서 갈고 닦아야 한다. 다시 말해 사랑의 기술이란 상대가 나를 사랑하게 만드는 기술이 아니라 내가 상대를 더 잘 사랑하기 위해 필요한 기술이다. 자기 나름대로는 최고의 기술을 사용했는데, 상대가 싫어한다면 그런 기술은 즉시 폐기해야 한다. 사랑의 기술은 상대를 귀중히 여기고 그를 아끼고 위해주는 데 기여해야 하기 때문이다. 여기에서는 별 쓸모가 없는 사랑의 기술에 대해 나열하지 않고 대인관계에서 주의해야 할 몇 가지 문제에 대해서만 짚고 넘어가기로 한다.

요즘에는 대인관계 능력이 부족하다 보니 인터넷이나 친구들을 통해서 소위 연애의 기술을 배우고 그것을 실전에서 사용하는 젊은 이들이 많다. 문제는 그런 기술 중에선 쓸모있는 것들도 있지만 절대로 사용하지 말아야 할 나쁜 기술도 있다는 점이다. 그 대표가 바로 상대를 조종하기 위한 목적에서 사용되는 기술들이다. 젊은이들 상당수는 "연애를 잘하려면 밀당을 잘해야 해."라고 말한다. 연애를 잘하려면 상대가 적극적일 때는 밀어내서 상대의 애간장을 태우고 상대가 소극적이면 상대를 자기 쪽으로 끌어당기는 식으로 밀었다 당겼다를 잘해야 한다는 식이다. 한마디로 상대를 정신 못 차리게 만들어 꽉 붙잡아놓고는 자기를 사랑하게끔 만들어야 한다는 말이다.

그러나 이것은 기본적으로 사랑하기와 관련된 기술이라기보다는 사랑받기와 관련된 기술이다. 더욱이 그것은 상대를 동물처럼 길들이거나 조종하기 위한 목적에서 사용되는 기술이다. 즉 상대를 통제하거나 도구화하는 기술이다. 그렇기 때문에 밀당의 대상이 되는 사람은 상당한 고통을 경험하게 되며, 심하게 말하자면 인간의 존엄성을 침해당하게 된다. 사실 누군가를 조종하려는 건 그 의도 자체만으로도 문제가 있다. 조종의 기술은 사랑의 대상이 아니라 전쟁 중의 적에게나 사용하는 기술이다. 철학자 솔로몬은 밀당 같은 조종의 기술은 사랑과 인연이 없다면서 그것에 반대한다고 말했다.

> 돈 후안이 능수능란하게 여자들이 자신을 사랑하도록 만들었다면, 이는 그가 여자들을 사랑하지 않는다는 것을 보여주는 또 다른 증거이다. 우리는 '조정' 같은 전술에 당연히 반대한다.[30]

연애 관계에서 상대의 사랑을 확인하기 위해, 혹은 상대가 자신을 더 사랑하게 만들기 위해 상대의 질투심을 유발하는 사람들이 있다. 이런 사람들은 상대가 질투심으로 인해 어쩔 줄 몰라 하거나 분노를 터뜨리면 그것을 자신을 사랑하는 강력한 증거로 간주하면서 즐거워하기도 한다. 물론 질투는 사랑의 증거라고 할 수 있다. 그러나 상대의 사랑을 확인하거나 강화하려고 일부러 질투심을 유발하는 행위는 절대로 해서는 안 된다. 그건 상대를 배신하고 학대하는 행위이기 때문이다. 상대를 화나게 해놓고 즐거워하는 것은 사람이 할 짓이 아니며, 사랑하는 사람에게 할 짓은 더더욱 아니다. 이런 점에서 상대의 질투심을 자극하는 사람은 상대를 사랑하는 사람이라기보다는 상대로부터 사랑받기를 원하는 가짜 사랑을 하는 사람이라고 봐야 한다.

한 연구에 의하면 상대에게 질투를 유발했을 때 상대는 다음의 세 가지 반응 중 하나를 보인다. 첫째는 관계를 개선하려고 노력하는 것이고, 둘째는 공격적으로 변하는 것이다. 셋째는 상대에게서 멀어지는 것이다. 상대가 첫 번째 반응을 보이면 그나마 다행이지만, 그 경우에도 상대의 마음에는 상처가 남는다. 만일 상대가 두 번째나 세 번째 반응을 보인다면 관계가 악화되어 사랑을 받으려는 원래의 목적을 달성할 수 없게 된다.

일부 사람들은 자신이 상대에게 질투를 느껴서 상대에게 보복하기 위해 질투를 유발하기도 한다. 즉 상대가 먼저 나의 질투심을 자극했으니 그에게 보복하기 위해서 일부러 그의 질투심을 자극하는 짓을 한다는 논리다. 상대로 인한 질투심 때문에 상대를 괴롭힐 정도라면 차라리 헤어지는 게 둘을 위해 더 낫다. 상대에게 복수하고 상대를 괴롭히면서 사랑이 더 무르익기를 바라는 것은 망상에 가깝다.

8장

진짜 사랑 권하는 사회

사회가 바뀌어야 사랑도 달라진다

앞에서 강조했듯이, 오늘날 사람들이 가짜 사랑을 하거나 사랑이 없는 삶을 살아가게 된 기본적인 원인은 사회다. 그러나 친자본주의적이고 체제에 순응하는 학문인 미국의 주류 심리학은 다른 모든 문제와 마찬가지로 사랑에 관한 문제를 모두 개인 탓으로 돌린다. 주류 심리학은 사회가 잘못되었으니 사회를 개혁해야 한다는 주장은 그어떤 경우에도 하지 않는다. 오직 개인의 노력만을 줄기차게 강조할 뿐이다. 사회학자 울리히 벡과 그의 부인인 사회심리학자 엘리자베트 벡-게른스하임은 "심리학자들과 심리치료사들은 고객의 현재의 비참함을 오직 개인의 아동기 때의 체험이라는 측면에서만 이해하려고 하지만 그렇게 함으로써 결국 초점을 놓치고 만다."[31]라며 사랑에 대한 주류 심리학 이론의 문제점을 비판했다.

에바 일루즈도 사랑의 영역에서 개인에게 모든 책임을 떠넘기는 데 심리학이 결정적 역할을 했다면서, 그 결과 "사랑의 고통은 개인이 자초한 것이라는 생각은 20세기 내내 무시무시할 정도로 괴기한 개선행진을 거듭해왔다."[32]고 비판했다.

진짜 사랑을 하지 못하는 데에 불건전한 욕망 같은 개인의 심리 문제가 더 직접적이고 큰 영향을 미친다는 건 분명한 사실이다. 그러나 점점 더 많은 사람이 불건전한 욕망에 사로잡혀 가짜 사랑을 하도록 만드는 주범은 병든 사회다. 따라서 진짜 사랑은 개인의 노력만으로는 이뤄낼 수 없다. 사랑을 가로막는 반인간적 사회를 개혁하여, 모두가 사랑하면서 살아갈 수 있는 사회를 건설해야만 해결이 가능하다. 사회개혁 없이 개인적 노력으로만 사랑의 문제를 해결하려고 하는 건, 기차가 낭떠러지를 향해 질주하고 있는데 승객들이 더 편안하고 좋은 자리에 앉는 데만 관심을 기울이는 것과 마찬가지다.

인간이 주인인 사회를 만들자

사랑을 가로막는 가장 큰 원인은 한국 사회가 인간이 아닌 것을 인간보다 더 귀중하게 여기는 사회라는 점이다. 한국에서 가장 귀중한 건 사람이 아닌 돈이다. 한국은 그야말로 돈이면 무엇이든 할 수 있는 사회이다. 돈이 인간의 주인이 된 사회에서 인간은 돈을 위해 이용하는 도구나 수단으로 전락할 수밖에 없다. 이런 사회에서는 인간에 대한 사랑이 발붙일 데가 없다. 따라서 돈이 아닌 인간을 사랑할 수 있으려면 무엇보다 인간이 주인이 된 사회를 건설해야 한다. 에리히 프롬은 다음과 같이 강조했다.

> 인간이 사랑할 줄 알게 되려면 인간은 그의 최고의 위치에 놓여져야 한다. … 인간의 사회적이고 사랑할 줄 아는 본성이 그의 사회적 존재로부터 분리되지 않고 사회적 존재와 일체를 이루는 방식으로 사회가 조직되어야 한다.[33]

인간이 돈보다 더 중요한 사회, 즉 인간이 주인인 사회를 만들려면 가장 먼저 돈에 대한 병적인 욕망을 정상화해야 한다. 돈에 대한 집착을 인간의 본성이라고 착각하는 사람도 많다. 그러나 이런 집착은 인간의 본성과는 무관하다. 북유럽 사람들은 한국인보다 돈에 대한 욕망이 약하다. 북유럽은 무상의료, 무상교육, 실업이나 노후 대책으로 국가가 최소한의 생존을 보장해주며 직업에 따른 소득 격차도 적다. 이 때문에 북유럽 사람들은 돈이 없으면 굶어 죽게 될 거라는 불안에 시달리지 않으며, 돈을 많이 못 번다고 해서 남들한테 무시당할 거라는 불안에 시달리지도 않는다. 한 마디로 생존 불안과 존중 불안 수준이 한국보다 훨씬 낮은 것이다(참고로 북유럽 국가들도 지금은 과거보다 불평등이 심해지는 등 상황이 나쁘다. 그럼에도 여전히 북유럽 국가가 한국보다는 훨씬 건강한 사회라고 할 수 있다).

이와는 달리 한국인들은 돈이 없으면 굶어 죽게 될 거라는 생존 불안, 돈을 잘 벌지 못하면 남들한테 존중받지 못할 거라는 존중 불안이 매우 심하다. 때문에 한국인들은 돈에 과도할 정도로 집착하고 욕망한다. 따라서 이런 공포와 불안을 완화하거나 없애야만 한국인이 돈의 노예가 되어 살지 않도록 할 수 있다. 즉 돈이 아닌 사람이 주인인 사회를 만들 수 있는 것이다. 극심한 생존 불안과 존중 불안은 개개인의 노력으로는 없애기 힘들다. 다음 주장처럼 사회 혹은 국가만이 그 문제를 해결 가능하다.

오직 국가만이 해결책이나 도움을—즉 모든 시민들을 위한 최저 임금(오늘날의 기본소득), 취업 여부와 무관한 사회적 안전망, 공동 고용을 막는 방해물의 제거 혹은 특정 직업을 위한 기준의 수정 등등—완전히 제공할 수 있다.[34]

기본사회는 사랑의 필요조건이다

고립적 생존 불안을 완화하거나 없애려면 기본사회를[35] 건설해야 한다. 기본사회란 국가가 국민의 생존을 책임지며 보장하는 사회이다. 기본소득, 기본직업[36], 기본대출, 기본주택 등은 물론이고 무상교육,

무상의료, 필요하다면 무상주택 제도 등을 통해 국민의 생존을 국가가 책임져야 한다. 이렇게 되면 사람들은 기초적인 생존 불안으로부터 해방될 수 있다. 참고로 나는 최저임금 수준의 기본소득만으로도 생존 불안이 큰 폭으로 완화되거나 거의 사라질 거라고 생각한다.

생존 불안이 사라진다는 건 돈에 대한 과도한 욕망을 떠받치던 두 개의 기둥 중에서 하나가 무너진다는 뜻이다. 따라서 이것만으로도 돈에 대한 욕망이 큰 폭으로 줄어들 수 있다. 생존을 걱정하지 않아도 된다면 굳이 돈에 집착하고 남들과 싸우면서 살 필요가 없다고 생각하는 소박하고 착한 사람들이 한국에 아직 많기 때문이다. 한국인 중에는 생존을 걱정할 필요가 없는데도 악착스럽게 돈을 벌어 기어이 호화주택을 사려고 하는 사람의 수가 그리 많지 않다. 국가가 생존을 책임지는 것은 사람들이 이기적 사랑에서 벗어나 진짜 사랑을 할 수 있게 뒷받침해주는 강력한 사회적, 객관적 조건이다.

국가가 국민의 생존을 보장하면 사람들은 삶을 각자도생 방식으로 개척하기보다, 타인과 사랑하고 협력하면서 해결해나가는 공동체적 방식이 있다는 사실을 깨닫게 되고 그 방식이 훨씬 더 낫다는 점도 확인하게 될 것이다. 고립된 상태에서 생존을 위해 투쟁해야만 하는 삶은 자기 발등에 떨어진 불부터 꺼야 한다는 절박감을 강요하고, 이웃과 공동체에 눈을 돌리기보다는 자기 자신만 쳐다보도록 시야를 좁혀 필연적으로 개인 이기주의를 강제한다. 이런 상황에서는 이기적 사랑만이 가능할 뿐이다.

반면에 국가를 통해 집단적, 공동체적 방식으로 생존 문제를 해결해나가면 사람들은 생존을 나만의 문제가 아닌 우리 모두의 문제로 받아들이고, 나에게만 좁혀져 있던 시야를 사회로 넓힘으로써 이기주의에서 해방된다. 이렇게 되면 사람들은 진짜 사랑을 할 수 있다. 국가가 자기의 생존 문제를 해결해주는데도 이웃들과 치열하게 싸우면서 살아가기를 바랄 사람은 거의 없다. 사람은 누구나 이웃들과 사랑을 주고받으며 화목하게 살기를 바라기 마련이다.

모두가 조건 없이 존중받을 수 있다면

생존 불안이 사라진다 해도 존중 불안이 극심하면 사람들은 돈에 대한 욕망을 쉽게 내려놓지 못한다. 인간은 존중받지 못하는 것을 굶어 죽는 것 이상으로 두려워하기 때문에 돈이 사회적 평가와 존중을 좌우한다면, 쉽게 말해 돈이 없어 무시당해야 한다면 돈에 대한 욕망에서 해방되기는 힘들다. 존중 불안을 완화하거나 없애려면 불평등 문제를 해결해야 한다.

앞에서 언급했듯 현대의 불평등은 계급 간 불평등에 개인 간 불평등이 합쳐진 최악의 불평등이다. 이 두 가지 불평등 중에서 더 해결이 시급하고 수월한 건 개인 간 불평등이다. 개인 간 불평등은 승자독식의 원칙에 기초한 경쟁이 초래한 결과이다. 따라서 이런 불평등을 해결하려면 작금의 개인 간 경쟁을 집단 간 경쟁으로 전환하여 개인 간 경쟁을 최소화하며, 개인 간 경쟁이 불가피한 경우에는 소득 격차를 최소화해야 한다. 생존 불안이 거의 사라진다면 개인 간 불평등을 해결하려는 시도가 절대다수의 지지를 받게 될 것이다. 그 이유는 다음과 같다.

우선 생존 불안이 사라지면 다수의 심리가 개인 이기주의에서 벗어날 수 있다. 나아가 공동체주의(우리주의)와 함께 개인 간 불평등 문제를 해결하자는 주장이 널리 공감을 얻을 것이다. 끔찍한 생존 문제가 사라지며 모처럼 이웃들과 가까워지고 역겨운 이기주의에서도 벗어나고 있는데, 앞으로 서로 싸우지 말고 사랑하면서 화목하게 살아가자는 주장에 반대할 사람이 얼마나 되겠는가.

또한 생존 불안이 사라지면 돈에 대한 욕망이 크게 줄어드므로 돈을 기준으로 사람을 평가하고 존중하는 풍토가 힘을 잃을 확률이 크다. 돈에 대한 욕망이 줄어들면 자연히 돈을 중심으로 세상 만물의 가치를 평가하는 배금주의 사고를 그만두게 된다. 이런 사회에서는 돈을 많이 벌지 못하는 상대라도—국가가 모두의 생존을 보장해주는 사회에서는 이런 사람들도 생존에는 전혀 문제가 없다는 점도 고려해야 한다—무시하기 힘들어진다. 물론 이런 사회에서도 소수의 사람은 여전히 돈을 욕망할 수 있다.

생존 불안도 없고 돈을 많이 벌지 못한다고 해서 무시당하지도 않는데, 여전히 더 많은 돈을 원하는 심리는 무엇일까? 심리학적 관점으로 말하자면 더 많은 돈이 어떤 쾌감이나 즐거움을 누리게 해주어서일 것이다. 그렇다면 돈으로 누릴 수 있는 쾌감이나 즐거움은 뭘까? 첫째는 지배욕, 권력욕, 학대 욕구를 실현함으로써 누리는 병적인 쾌감이다. 돈은 더 많은 권력을 가질 수 있게 해주고 타인을 지배하고 학대할 수 있게 해준다. 예전에 어떤 자본가가 노동자를 때리고는 돈다발을 던져줘서 만인의 공분을 산 일이 있었는데, 돈은 바로 이런 미친 짓을 가능하게 해준다. 둘째는 과시욕을 실현함으로써 누리는 병적인 쾌감이다. 자기보다 돈이 적은 사람 앞에서 돈다발이나 명품을 흔들며 과시하고 '내가 너보다 더 서열이 높다'라는 우월감에 취하는 행동에서 알 수 있듯, 돈은 과시욕을 충족시켜주는 수단이다. 셋째, 인정 욕구나 존중 욕구를 채우며 누리는 병적인 쾌감이다. 인정받거나 존중받고 싶다는 욕망은 원래 인간이라면 마땅히 가져야 할 건전한 욕망이다. 그러나 병든 사회는 그런 욕망조차 돈에 대한 욕망으로 귀결시킨다.

사실 진정한 인정이나 존중은 돈으로 살 수 없으므로 병든 사회에서 인정이나 존중 욕망을 원만히 실현하는 건 거의 불가능하다. 그렇기에 사람들은 그것이 가짜임에도 불구하고 돈으로 남들한테 인정과 존중을 사려고 한다. 예를 들어, 멋있는 휴양지에서 비싸고 맛있는 음식을 먹고 있는 장면을 SNS에 올리는 행동에는 풍요로운 물질적·문화적 생활을 누리고자 하는 욕구도 일부 작용하겠지만, 그보다는 타인으로부터 인정과 존중을 받으려는 욕망이 깔려 있다. "와, 너무 멋져요! 부러워요!" "정말 럭셔리한 삶을 살고 계시네요." 따위의 말을 듣고 싶은 욕구가 작용하는 셈이다. 그것이 주된 이유가 아니라면 자기 혼자 멋진 경치와 음식을 즐기면 되지, 왜 사진을 줄기차게 찍어 SNS에 올리겠는가. 비싼 명품이나 외제차를 구입하는 경우도 마찬가지다. 아무도 살지 않는 무인도에서 혼자 살면서 명품을 입으며 비싼 외제차를 몰고 다닐 사람이 과연 있을까? 사람들은 물질적으로 윤택한 생활을 누리기 위해서보다는 타인들로부터 인정과 존중을 얻으려는 목적으로 소비를 한다. 이런 소비를 과시적 소비라고도 한다.

갑질과 서열화를 무효화하는 방법

국가가 국민의 생존을 책임짐으로써 생존 불안이 사라지면 돈으로 병적 쾌감을 누리기가 거의 불가능해진다. 그 이유를 다음과 같이 살펴보기로 하자.

첫째, 누군가가 돈으로 타인을 지배하려 하거나 갑질을 하려고 하면 사람들은 화를 내거나 저항할 것이다. 한국 영화나 드라마에는 묵묵히 갑질을 참아내고는 "이번에 딸이 대학에 입학하게 되어서 어쩔 수가 없어." "아버지가 병원에 입원해 있어서 어쩔 수 없어."라고 말하는 장면이 수도 없이 나온다. 이것은 사람들이 불의나 갑질 같은 학대에 저항하지 못하는 원인이 직장에서 잘려 생존 위기를 겪는 걸 두려워해서라는 사실을 보여준다. 생존 불안이 사라지면 사람들은 누군가가 불의한 일을 강요할 때 참지 않고 저항한다. 정의롭지 못한 인간에게 머리를 숙이지 않더라도 먹고 사는 데 문제가 없다면, 인간의 존엄성을 포기할 이유가 없기 때문이다. 고립적 생존 불안을 악용해 권력 남용이나 학대를 할 수 없게 되면 악당들은 돈으로 권력욕과 지배욕을 충족시키는 데서 오는 병적인 쾌감을 더는 누리지 못한다.

둘째, 누군가가 명품이나 돈다발을 흔들며 자신의 부유함을 과시한다면 사람들은 화를 내거나 그와 상종하지 않을 것이다. 돈을 과시하는 사람은 기분이 좋을지 몰라도 그 과시의 대상이 되는 사람은 불쾌감이나 분노를 피할 수 없다. 그것은 상대로부터 "너는 거지라서 이런 물건은 살 수 없지?" "역시 너는 나보다 서열이 낮다니까. 하하!" 같은 말을 듣는 것과 마찬가지여서 자신의 존엄성이 짓밟히거나 침해당하기 때문이다. 사람들이 과시 행동을 참고 넘어가는 이유는 돈이 많거나 서열이 높은 사람과 척을 지기보다는 무난하게 지내는 게 여러모로 유리해서다. 그러나 생존 불안이 해결되면 그런 수모를 참아가며 그와 관계를 이어갈 이유가 없어진다. 따라서 돈으로 사람을 서열화하는 심리가 약화되므로 사람들은 상대가 돈으로 과시를 해도 '별 한심한 놈이 다 있군.'이라고 생각하며 별 반응을 보이지 않는다.

셋째, 누군가가 돈으로 인정이나 존중을 사려고 해도 사람들은 거의 호응하지 않을 것이다. 돈으로 사람의 가치나 사회적 지위를 평가하는 풍조가 퇴조하면 사람들은 돈 많은 사람을 높게 평가하거나 선망하지 않게 된다. 현실에서 이런 모습이 거의 실현된 국가로는 덴마크가 있다. 덴마크에는 명품시장이 없다. 덴마크에서는 명품, 즉 돈이 사람의 사회적 지위나 가치를 평가하는 기준으로 작용하지 않기 때문이다. 덴마크에서는 어떤 모임에 명품 가방을 들고 나가더라도 사람들이 거의 관심을 보이지 않는다고 한다. 사람들이 이런 미지근한 반응을 보이면 돈으로 과시를 하면서 병적 쾌감을 누리기란 불가능하다.

돈을 아무리 많이 벌어도 권력 과시나 갑질을 할 수 없고 자랑을 할 수도 없으며, 타인들이 자기를 존중해주지도 않는다면 미친 듯이 돈을 벌어야 할 이유가 거의 사라져버린다. 이처럼 생존 불안이 해결되면 돈이 선물해주었던 병적인 쾌감을 더는 누리지 못하게 되고, 돈에 대한 과도한 욕망 그리고 돈을 중심으로 인간의 가치를 평가하는 병적인 풍조 역시 현저하게 줄어든다.

개인 간 불평등이 주었던 혜택인 병적인 쾌감을 누릴 수 없게 된다면 마음이 비뚤어진 사람 혹은 악당일지라도 이를 한사코 고집해야 할 동기가 약해진다. 병적인 쾌감만을 추구하는 비정상적이고 비인간적인 삶에서 해방되면 이런 사람들도 서서히 참다운 즐거움과 행복을 추구하게 된다.

진짜 사랑 권하는 사회

생존 불안 해결에 더해 개인 간 불평등이 사라져 존중 불안 문제까지 해결되면 사람들은 더 나은 세상, 이상사회를 건설하는 데 힘쓰게 된다. 개인 간 불평등을 해결하는 것만 해도 현시점에서는 크나큰 진전이지만 그것만으로는 충분하지 않다. 심각한 양극화 같은 계급적 불평등까지 해결해야 인간은 진정한 사회의 주인이 될 수 있고, 국민의 생존 보장과 개인 간 불평등 해결이라는 국가의 중요한 과제를 더 완전하고 원만하게 추진할 수 있다.[37] 나아가 모든 사람이 사랑으로 연결된 우리 공동체를 건설함으로써 서로 화목하게 살아가는 이상사회를 건설하는 게 가능해진다.

돈에 대한 욕망에서 해방된 사람들, 개인 간 아귀다툼에서 해방된 사람들, 다시금 평등하고 화목한 공동체 속에서 살아가게 된 사람들은 무엇을 가장 귀중하게 여기게 될까? 무엇을 꿈꾸고 열망하면서 살아갈까? 당연히 인간을 가장 귀중하게 여기게 된다. 서로 사랑하면서 화목하게 살아가는 아름다운 세상을 꿈꾸고 열망하게 된다. 사람은 누구나 다 사람답게 살기를 바란다. 사람은 누구나 다 사랑하면서 살기를 바란다. 모두가 사람답게 살아갈 수 있는 세상, 모두가 사랑하면서 살아갈 수 있는 세상. 그것이 인간이 주인 된 세상이고 진짜 사랑이 가능한 이상사회다. 우리가 이 땅에 이상사회를 건설하는 그날이 오면, 마침내 사랑의 문제는 궁극적으로 해결될 것이다.

참고문헌

에리히 프롬, 황문수 옮김, 《사랑의 기술》, 문예출판사, 2004

개리 르완도스키, 이지민 옮김, 《사랑에 관한 오해》, 알에이치코리아, 2022

이동섭, 《사랑의 쓸모》, 몽스북, 2022

배르벨 바르데츠키, 한윤진 옮김, 《사랑한다고 상처를 허락하지 마라》, 다산초당(다산북스), 2019

김혜남, 《나는 정말 너를 사랑하는 걸까?》, 갤리온, 2007

에바 일루즈, 김희상 옮김, 《사랑은 왜 아픈가》, 돌베개, 2013

주창윤, 《사랑의 인문학》, 마음의숲, 2019

로버트 C. 솔로몬, 이명호 옮김, 《사랑을 배울 수 있다면》, 오도스, 2023

스레츠코 호르바트, 변진경 옮김, 《사랑의 급진성》, 오월의봄, 2017

울리히 벡·엘리자베트 벡-게른스하임, 배은경·권기돈·강수영 옮김, 《사랑은 지독한, 그러나 너무나 정상적인 혼란》, 새물결, 1999

권석만, 《사랑의 심리학》, 학지사, 2022

미주

1부

1) 울리히 벡·엘리자베트 벡-게른스하임, 배은경·권기돈·강수영 옮김, 《사랑은 지독한, 그러나 너무나 정상적인 혼란》, 새물결, 1999, 23쪽.

2) 개리 르완도스키, 이지민 옮김, 《사랑에 관한 오해》, 알에이치코리아, 2022, 77쪽.

3) 같은 책, 193쪽.

4) 주창윤, 《사랑의 인문학》, 마음의숲, 2019, 186쪽.

5) 에바 일루즈, 김희상 옮김, 《사랑은 왜 아픈가》, 돌베개, 2013, 38쪽.

6) 이 주제에 대해서는 《풍요중독사회》(김태형, 한겨레출판)을 참고하라.

7) 권석만, 《사랑의 심리학》, 학지사, 2022, 137쪽.

8) 이 주제에 대해서는 《가짜 행복 권하는 사회》(김태형, 갈매나무)를 참고하라.

9) Hurrelmann, 1989 / 울리히 벡·엘리자베트 벡-게른스하임, 배은경·권기돈·강수영 옮김, 《사랑은 지독한, 그러나 너무나 정상적인 혼란》, 새물결, 1999, 241쪽에서 재인용.

10) 에리히 프롬, 황문수 옮김, 《사랑의 기술》, 문예출판사, 2004, 63쪽.

11) 이 주제에 대해서는 《실컷 논 아이가 행복한 어른이 된다》(김태형, 갈매나무)를 참고하라.

12) 울리히 벡·엘리자베트 벡-게른스하임, 배은경·권기돈·강수영 옮김, 《사랑은 지독한, 그러나 너무나 정상적인 혼란》, 새물결, 1999, 250쪽.

2부

1) 우리주의에 대해서는 《한국인의 마음속엔 우리가 있다》(김태형, 온더페이지)을 참고하라.

2) 에리히 프롬, 황문수 옮김, 《사랑의 기술》, 문예출판사, 2004, 168쪽.

3) 개리 르완도스키, 이지민 옮김, 《사랑에 관한 오해》, 알에이치코리아, 2022, 243쪽.

4) 에리히 프롬, 황문수 옮김, 《사랑의 기술》, 문예출판사, 2004, 16쪽.

5) 에바 일루즈, 김희상 옮김, 《사랑은 왜 아픈가》, 돌베개, 2013, 92쪽.

6) 로버트 C. 솔로몬, 이명호 옮김, 《사랑을 배울 수 있다면》, 오도스, 2023, 162쪽.

7) 개리 르완도스키, 이지민 옮김, 《사랑에 관한 오해》, 알에이치코리아, 2022, 84쪽.

8) 같은 책, 150쪽.

9) 에리히 프롬, 황문수 옮김, 《사랑의 기술》, 문예출판사, 2004, 62쪽.

10) 같은 책, 41쪽.

11) 개리 르완도스키, 이지민 옮김, 《사랑에 관한 오해》, 알에이치코리아, 2022, 192쪽.

12) 이 주제에 대해서는 《풍요중독사회》(김태형, 한겨레출판)를 참고하라.

13) 에바 일루즈, 김희상 옮김, 《사랑은 왜 아픈가》, 돌베개, 2013, 257쪽.

14) 개리 르완도스키, 이지민 옮김, 《사랑에 관한 오해》, 알에이치코리아, 2022, 65쪽.

15) 에바 일루즈, 김희상 옮김, 《사랑은 왜 아픈가》, 돌베개, 2013, 271쪽.

16) 이 주제에 대해서는 《가짜 자존감 권하는 사회》(김태형, 갈매나무)를 참고하라.

17) 주창윤, 《사랑의 인문학》, 마음의숲, 2019, 253쪽.

18) 로버트 C. 솔로몬, 이명호 옮김, 《사랑을 배울 수 있다면》, 오도스, 2023, 349쪽.

19) 에바 일루즈, 김희상 옮김, 《사랑은 왜 아픈가》, 돌베개, 2013, 219쪽.

20) 김혜남, 《나는 정말 너를 사랑하는 걸까?》, 갤리온, 2007, 97쪽.

21) 배르벨 바르데츠키, 한윤진 옮김, 《사랑한다고 상처를 허락하지 마라》, 다산초당(다산북스), 2019, 276쪽.

22) 에리히 프롬, 《사랑의 기술》, 2004, 문예출판사, 127쪽.

23) 배르벨 바르데츠키, 한윤진 옮김, 《사랑한다고 상처를 허락하지 마라》, 다산초당(다산북스), 2019, 193쪽.

24) 개리 르완도스키, 이지민 옮김, 《사랑에 관한 오해》, 알에이치코리아, 2022, 117쪽~118쪽.

25) 같은 책, 110쪽.

26) 로버트 C. 솔로몬, 이명호 옮김,《사랑을 배울 수 있다면》, 오도스, 2023, 21쪽.

27) 에리히 프롬, 황문수 옮김,《사랑의 기술》, 문예출판사, 2004, 17쪽.

28) 개리 르완도스키, 이지민 옮김,《사랑에 관한 오해》, 알에이치코리아, 2022, 180쪽.

29) 김혜남,《나는 정말 너를 사랑하는 걸까?》, 갤리온, 2007, 25쪽.

30) 개리 르완도스키, 이지민 옮김,《사랑에 관한 오해》, 알에이치코리아, 2022, 159쪽.

31) 로버트 C. 솔로몬,《사랑을 배울 수 있다면》, 오도스, 2023, 212쪽.

32) 에리히 프롬, 황문수 옮김,《사랑의 기술》, 문예출판사, 2004, 17쪽.

33) 로미오와 줄리엣의 사랑에 대해서는《로미오는 정말 줄리엣을 사랑했을까》(김태형, 교보문고)를 참고하라.

34) 에리히 프롬, 황문수 옮김,《사랑의 기술》, 문예출판사, 2004, 127쪽.

3부

1) 로버트 C. 솔로몬, 이명호 옮김,《사랑을 배울 수 있다면》, 오도스, 2023, 91쪽.

2) '우리'에 대해서는《한국인의 마음속엔 우리가 있다》(김태형, 온더페이지)를 참고하라.

3) 에리히 프롬, 황문수 옮김,《사랑의 기술》, 문예출판사, 2004, 38쪽.

4) 같은 책, 25쪽~26쪽.

5) 같은 책, 35쪽.

6) 권석만,《사랑의 심리학》, 학지사, 2022, 17쪽.

7) 에리히 프롬, 황문수 옮김,《사랑의 기술》, 문예출판사, 2004, 155쪽.

8) 로버트 C. 솔로몬, 이명호 옮김,《사랑을 배울 수 있다면》, 오도스, 2023, 64쪽.

9) 에리히 프롬, 황문수 옮김,《사랑의 기술》, 문예출판사, 2004, 149쪽.

10) 같은 책, 45쪽.

11) 이 주제에 대해서는 《싸우는 심리학》(김태형, 서해문집)을 참고하라.

12) 에리히 프롬, 황문수 옮김, 《사랑의 기술》, 문예출판사, 2004, 31쪽.

13) 같은 책, 70쪽.

14) 개리 르완도스키, 이지민 옮김, 《사랑에 관한 오해》, 알에이치코리아, 2022, 120쪽.

15) 권석만, 《사랑의 심리학》, 학지사, 2022, 59쪽.

16) 에리히 프롬, 황문수 옮김, 《사랑의 기술》, 문예출판사, 2004, 76쪽.

17) 권석만, 《사랑의 심리학》, 학지사, 2022, 179쪽.

18) 같은 책, 187쪽~188쪽.

19) 주창윤, 《사랑의 인문학》, 마음의숲, 2019, 342쪽.

20) 에리히 프롬, 황문수 옮김, 《사랑의 기술》, 문예출판사, 2004, 84쪽.

21) 같은 책, 80쪽~82쪽.

22) 스레츠코 호르바트, 변진경 옮김, 《사랑의 급진성》, 오월의봄, 2017, 116쪽.

23) 이 주제에 대해서는 《누구에게나 어린 시절의 상처가 있다》(김태형, 21세기북스)를 참고
하라.

24) 에리히 프롬, 황문수 옮김, 《사랑의 기술》, 문예출판사, 2004, 5쪽.

25) 개리 르완도스키, 이지민 옮김, 《사랑에 관한 오해》, 알에이치코리아, 2022, 33쪽.

26) 같은 책, 214쪽.

27) 같은 책, 221쪽.

28) 같은 책, 54쪽.

29) 같은 책, 217쪽.

30) 로버트 C. 솔로몬, 이명호 옮김, 《사랑을 배울 수 있다면》, 오도스, 2023, 125쪽.

31) 울리히 벡·엘리자베트 벡-게른스하임, 배은경·권기돈·강수영 옮김, 《사랑은 지독한,
그러나 너무나 정상적인 혼란》, 새물결, 1999, 81쪽.

32) 에바 일루즈, 김희상 옮김, 《사랑은 왜 아픈가》, 돌베개, 2013, 16쪽.

33) 에리히 프롬, 황문수 옮김, 《사랑의 기술》, 문예출판사, 2004, 172쪽.

34) 울리히 벡·엘리자베트 벡-게른스하임, 배은경·권기돈·강수영 옮김, 《사랑은 지독한, 그러나 너무나 정상적인 혼란》, 새물결, 1999, 78쪽.

35) 민주당의 이재명 대표는 기본사회를 건설하자는 주장을 하는 대표적인 정치인이다. 그러나 내가 여기에서 말하는 기본사회는 그의 주장보다 더 많은 것을 포함하고 있다.

36) 국가가 책임지고 국민에게 직업을 구해주거나 제공하는 것을 말한다. 자본주의가 지속적인 성장을 하던 과거 시기에는 개인이 각자 알아서 직업을 구하는 것이 더 나을 수도 있었지만 저성장 시대인 오늘날에는 국가가 직업을 제공해야 한다.

37) 이 주제에 대해서는 《풍요중독사회》(김태형, 한겨레출판)를 참고하라.

가짜 사랑 권하는 사회

초판 1쇄 발행   2023년 12월 10일
초판 4쇄 발행   2024년 6월 3일

지은이 • 김태형

펴낸이 • 박선경
기획/편집 • 이유나, 지혜빈, 김선우
홍보/마케팅 • 박언경, 황예린, 서민서
표지 디자인 • 어나더페이퍼
디자인 제작 • 디자인원(031-941-0991)

펴낸곳 • 도서출판 갈매나무
출판등록 • 2006년 7월 27일 제395-2006-000092호
주소 • 경기도 고양시 일산동구 호수로 358-39 (백석동, 동문타워 I) 808호
전화 • 031)967-5596
팩스 • 031)967-5597
블로그 • blog.naver.com/kevinmanse
이메일 • kevinmanse@naver.com
페이스북 • www.facebook.com/galmaenamu
인스타그램 • www.instagram.com/galmaenamu.pub

ISBN 979-11-91842-59-3/03300
값 17,500원